浙江大学信息安全
本科专业培养体系

任奎 主编

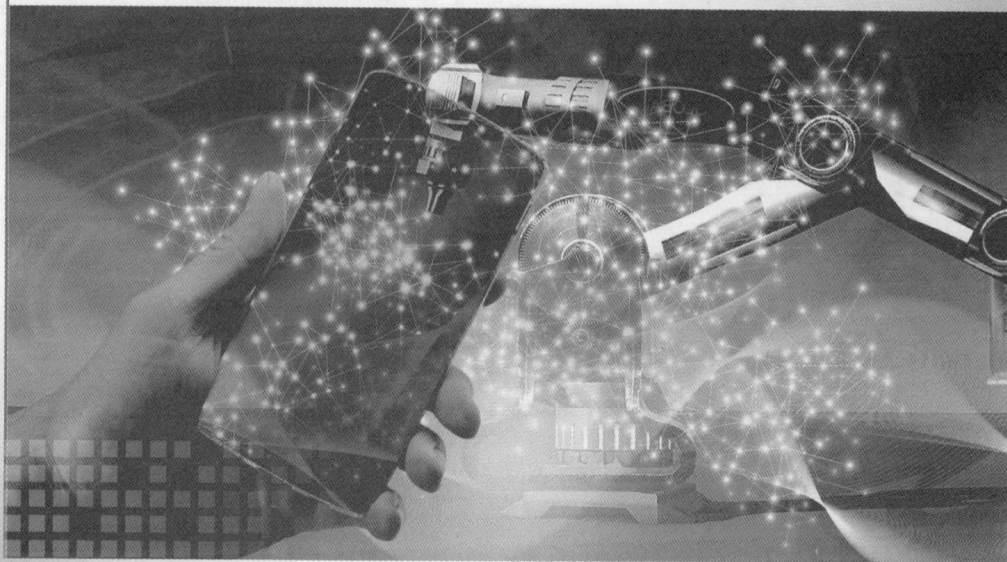

清华大学出版社
北京

内 容 简 介

为了更好地培养网络空间安全方面的一流人才,编制一套科学、系统、突出网络空间安全特色的培养方案是核心和关键。本书在总结浙江大学网络空间安全学科近年来教学改革经验的基础上,介绍浙江大学信息安全专业的培养方案和课程体系。

本书分为 7 章,分别包括浙江大学信息安全专业培养方案、数学基础知识、专业基础课程、专业必修课程、专业选修课程、实践教学课程以及个性修读课程,涵盖系统安全、数据安全、区块链安全、人工智能安全和物联网安全等主要安全方向,全面系统地展现了浙江大学网络空间安全人才培养思路,以期为国内高校和科研机构在网络空间安全人才培养方面提供有益的参考。

本书适合作为网络空间安全专业负责人的参考书,也可作为了解网络空间安全专业的参考书。

图书在版编目(CIP)数据

浙江大学信息安全本科专业培养体系/任奎主编. —北京：清华大学出版社，2020.7
ISBN 978-7-302-55864-4

Ⅰ.①浙… Ⅱ.①任… Ⅲ.①高等学校－信息安全－专业人才－人才培养－杭州 Ⅳ.①G203

中国版本图书馆 CIP 数据核字(2020)第 109989 号

责任编辑：白立军
封面设计：杨玉兰
责任校对：胡伟民
责任印制：刘海龙

出版发行：清华大学出版社
　　　　网　　　址：http://www.tup.com.cn，http://www.wqbook.com
　　　　地　　　址：北京清华大学学研大厦 A 座　　　　　邮　　编：100084
　　　　社　总　机：010-62770175　　　　　　　　　　　邮　　购：010-83470235
　　　　投稿与读者服务：010-62776969, c-service@tup.tsinghua.edu.cn
　　　　质量反馈：010-62772015, zhiliang@tup.tsinghua.edu.cn
　　　　课件下载：http://www.tup.com.cn,010-83470236
印　装　者：北京嘉实印刷有限公司
经　　销：全国新华书店
开　　本：185mm×260mm　　　　印　　张：15.75　　　　字　　数：385 千字
版　　次：2020 年 8 月第 1 版　　　　　　　　　　　印　　次：2020 年 8 月第 1 次印刷
定　　价：69.00 元

产品编号：086722-01

本书编写组成员（按姓氏拼音为排序）

卜　凯　常　瑞　韩劲松　林　峰　刘　健
秦　湛　任　奎　申文博　吴　磊　张秉晟
张　帆　赵永望　周亚金

FOREWORD

前言

当前,我国的网络安全形势非常严峻,面临着来自国内外双重挑战。对内要面对各种威胁国家安全的活动和大规模网络犯罪;对外则面临国际上日趋激烈的竞争,以及各类网络冲突和对抗。大到国家经济的健康发展、社会的繁荣稳定,小到个人的隐私信息保护,网络空间安全已成为不可忽视的重大问题。"勒索病毒"的泛滥、中兴和华为事件的出现、中美贸易摩擦,都给我国网络空间安全战略提出了新的要求和挑战。在这种形势下,为国家、社会和企业培养国际一流的网络空间安全人才是实现国家长治久安的重要基础。

根据编写团队近年来从事网络空间安全领域教学和研究的经历,我国和美国等发达国家在网络安全方面的差距主要体现在人才的培养质量和人才储备方面。美欧等发达国家长期占据计算机科学、网络安全等学科发展的先机,在布局、规划、体系建设方面具有较大的优势,其现有网络空间安全人才的储备较国内也更加雄厚。尽管我国已有大量的高等院校、科研机构建立网络空间安全学院,开设网络空间安全/信息安全专业,开展相应的人才培养,但是由于缺乏统一的引导,众多高校、科研机构在人才培养方面指导思想各异,培养体系方向分散。网络空间安全本身的交叉性比较强,各学科相关教学与科研人员缺乏交流,没有形成人才培养的合力或合理布局,严重缺乏交叉式的复合型人才培养机制,大大抹杀了学生的创新、创造能力。对我国当前网络空间安全事业发展造成了极大的迟滞影响。

同时也应该看到,与国外先进水平相比,我国的高校和科研机构(包括浙江大学在内)具有更大的人才潜力优势。这体现在,我国潜在的网络空间安全人才资源巨大,特别是伴随国内高校目前开展的双一流建设,网络空间安全作为战略性学科,成为重点发展的对象。利用好目前网络空间安全学科蓬勃发展的契机,建设好科学化、系统化的网络空间安全人才培养体系,这是我们追赶国外先进水平的必然选择,也是我们的最大优势。

浙江大学自 2012 年开始在计算机科学与技术专业设立信息安全方向,2016 年在全国首批设立网络空间安全一级学科博士、硕士学位授予点,并成立信息安全系,开始信息安全专业本科招生。经过多年建设,特别是随着浙江大学网络空间安全学院的成立,逐渐形成了"本硕博衔接、产学研贯通、重实践攻防"的人才培养特色。相应地,我们在课程体系建设方面,充分参考教育部高等学校网络空间安全专业教学指导委员会的课程设置建议、第一批"一流网络安全学院建设示范项目高校"的网络空间安全专业课程设置、美国《网络安全课程指南2017》、国务院学位委员会学科评议组对网络空间安全学科建设指导思想等文件,并面向我国网络空间安全产业发展对人才知识结构与能力结构的实际需求,聘请科研界、企业界知名专家,共同制定适合社会与产业发展需求的课程体系。

课程体系由通识类课程、专业类课程、个性课程及第二(三、四)课堂,以及毕业设计、工程实践、课程综合实践和科研实践等环节构成。在具体课程安排上,结合计算机科学与技术、软件工程等相近学科,共享课程资源,科学安排课程体系结构。在课程设置上,考虑到交叉式、本硕博衔接培养的需要,按照国务院学位委员会学科评议组对网络空间安全学科建设指导思想规划的6个研究生培养方向布局,规划课程设置。建设跨学科的课程群和模块化课程,促进通识课程、学科基础课程与专业必修、选修课程的系统化、网格化协同,同时注重本科课程与研究生课程的衔接,打通本硕博课程体系的设置和选修界限,例如,"软件逆向工程技术"作为"密码学"的前序课程,其中破解技术部分可以有力支撑后续的"密码学"课程学习,而通过高年级学习"汇编语言程序设计基础""密码学进阶""硬件安全基础"等课程,可衔接研究生课程"逆向工程高阶"。通过这种模块化、系统化、网格化协同的课程设置,可有效支撑交叉式、本硕博贯通培养。

本书全面系统地介绍浙江大学信息安全专业的培养方案和课程体系,力图为国内高校和科研机构在网络空间安全人才培养方面提供有益的参考。同时,我们注意到,任何单位其人才培养都有其本身的特色。例如,浙江大学网络空间安全学科目前的重点方向为系统安全、数据安全、区块链安全、人工智能安全和物联网安全。为了提供更加全面的参考,我们把目前浙江大学信息安全专业尚未覆盖的课程(包括将来拟开设的课程),根据国务院学位办和教育部高等学校网络空间安全专业教学指导委员会指导建议中规划的课程,都放入课程体系中,使整个课程体系更加系统、完整。在此,我们也希望本书的出版,能够起到抛砖引玉的作用,更快、更好、更多地培养一流网络空间安全复合型人才。

需要特别说明的是,在介绍课程时,根据学校教学大纲惯例,英文简介无须严格对照中文简介翻译。在介绍学分和周学时的时候,计算学分时一般按如下公式计算:学分=周教学课时+(周实验学时/2)。

编 者

2020 年 3 月

CONTENTS

目录

浙江大学信息安全专业培养方案

1.1 专业方向简介

2012 年 7 月,国务院常务会议正式讨论通过的《关于大力推进信息化发展和切实保障信息安全的若干意见》将信息安全上升至国家战略。信息安全专业旨在培养熟悉各类信息安全技术,开发各类信息安全软件、产品和服务,紧跟国际、国内信息安全技术的发展,能够对信息安全理论或技术进行创新的工程与研究复合型人才。作为一门综合性学科,信息安全主要研究的是信息系统的安全威胁、安全理论、安全技术和安全保障,包括密码学、网络安全、应用安全和数据安全等内容。根据《信息安全产业"十二五"发展规划》,我国信息安全产业规模在 2015 年就已突破 670 亿元,以高于全球的信息安全产业增速 20% 的速度迅速发展。为积极促进我国信息安全产业的发展,增强我国国际竞争力,急需培养信息安全领域的实用型、交叉复合型和创新型的研发及管理人才。

为促进浙江大学信息安全专业本科生在入学、培养、毕业和学位授予等环节的规范化,确保培养质量,根据教育部有关规定,依据浙江大学有关本科生培养的规定,制定本方案。

本方案作为浙江大学培养信息安全专业本科生的指导性文件,规定其培养目标、方向和要求,以及培养对象、方式及学习年限,并就其课程设置、课程修读等方面给出指导性意见。

1.2 培养目标和专业特色

1. 培养目标

浙江大学信息安全专业对本科生的培养目标是培养熟悉各类信息安全技术,开发各类信息安全软件、产品和服务,富有创新精神和创新能力,具有全球化视野,紧跟国际、国内网络空间安全技术的发展,能对信息安全理论或技术进行创新的,在信息安全专业及其相关领域具有国际竞争力的未来领军人才。包括:具有扎实的理论功底和创新思维,能够引领信息及网络空间安全研究方向,承担安全产品和系统的架构设计、核心研发工作,且具有实战攻防能力的一流工程技术人才;既掌握信息安全基础知识和技术,同时也具有较强的管理能力和国际化能力,能够适应网络空间安全治理需要的复合型人才。

2. 办学特色

自 2016 年专业建立以来,持续在师资配置、教学机构和课程体系等核心方向深化改革,在教育教学实践过程中形成的专业教学与人才培养工作方面的特色和亮点如下。

特色一,强化师资配置,对标国际领先教学团队。信息安全专业教学团队建设一直以打造一支具有国际视野、具有国际化教学科研经验、人员结构合理的教学梯队为目标。为此,学校大力推行多种人才引进政策,现已形成了一支包括图灵奖、IEEE Fellow、国家特聘专家等在内的国际化科研与教学队伍。

特色二,增设教学机构,打造国际一流教育体系。为凝聚全校信息安全方向的教学和科研力量,学校于 2017 年 9 月成立浙江大学网络空间安全研究中心以承担浙江大学网络空间安全一级学科建设任务。2019 年 4 月获批成立浙江大学网络空间安全学院,该学院的成立是浙江大学深入贯彻习近平总书记治网理念,建设网络强国,全面提升网络空间国际治理研究水平的一项重大举措。

特色三,夯实课程体系,接轨国际先进培养方案。在制定培养方案时,充分参考教育部高等学校网络空间安全专业教学指导委员会的课程设置建议方案、第一批“一流网络安全学院建设示范项目高校”的网络空间安全专业课程设置、美国《网络安全课程指南2017》、国务院学位委员会学科评议组对网络空间安全学科建设指导思想等文件和纲领,并面向我国网络空间安全产业发展对人才知识结构与能力结构的实际需求。

1.3　培养毕业要求

1. 能力结构要求

学生主要学习和运用信息安全基本理论及专业知识,接收信息安全系统设计与开发的基本训练,具有信息安全系统分析、防御、设计、开发的综合知识和技能。在此基础课和专业核心课程的基础上,本专业分设了网络安全、系统安全和应用安全 3 个方向的模块课程,以适应不同类型的社会需求。

毕业生应具备以下几方面的知识和能力。

(1) 具有坚实的数理、科学和工程知识基础,较好的人文社会科学素养。

(2) 掌握本专业领域的基本理论和基本知识,包括网络安全、系统安全和应用安全等。

(3) 具有较强的信息安全分析、设计及开发能力。

(4) 了解本领域技术前沿和发展趋势,具有较好获取新知识和新技术的能力。

(5) 具有良好的工程实践能力和科学研究能力。

(6) 有一定的沟通表达及职业发展能力。

2. 知识结构要求

工具性知识：外语、文献检索、科技写作等。

人文社会自然科学知识：文学、哲学、政治学、社会学、法学、思想道德、职业道德、艺术、大学物理等。

数学基础知识：微积分(甲)Ⅰ、微积分(甲)Ⅱ、线性代数(甲)。

计算机基础：C 程序设计基础、程序设计专题、面向对象程序设计、数据结构基础、数字逻辑设计、面向信息技术的沟通技巧、信息安全原理与数学基础、汇编语言程序设计基础、操作系统、高级数据结构与算法分析、计算机组成、计算机网络、编译原理、数据库系统、计算机体系结构、计算理论、计算机科学思想史、程序设计方法学、形式化方法与实践。

网络空间安全基础：网络空间安全导论、安全法律法规与伦理、现代博弈论基础与应用、软件逆向工程技术。

密码学及应用：密码学、密码学进阶、区块链安全与数字货币原理、安全多方计算、量子密码。

系统安全：系统安全、软件安全、硬件安全基础、存储安全及数据备份与恢复、电子取证。

网络安全：面向网络空间安全的信号处理、网络安全原理与实践、无线与物联网安全基础、入侵检测与网络防护技术。

应用安全：人工智能安全、云与边缘计算安全、数据安全与隐私保护、信任与认证、工业控制安全、电子商务安全。

信息内容安全：多媒体安全、舆情分析与社交网络安全、信息关联与情报分析。

1.4　培养规格路径

学制采用四年指导性学分制。学分修满,符合学校和信息安全专业学位授予规定,授予工学学士学位。

信息安全专业的培养路径具体表现为以下 3 个阶段。

(1) 通识通修教育和大类培养阶段。该阶段主要设置在大学一年级。

(2) 专业基础和专业核心教学阶段。该阶段将完成信息安全专业所有平台课程学习和相关能力培养。

(3) 毕业出口分流阶段。因为信息安全专业为独立专业,故所有学生进入信息安全专业后不存在专业分流问题。

1.5　课程体系设置

具体课程体系结构如表 1-1 所示,课程时间安排表如表 1-2 所示,专业基础课程必修课程和选修课程体系的学习成果矩阵如表 1-3 所示。

表 1-1　具体课程体系结构

模　块		说　明
第二、第三、第四课堂		
国际化模块		国际其他高校的课程，境外实习、实践等
跨专业模块		跨专业、跨大类的专业课程
个性课程		本专业、本大类、跨大类的专业课程； 国内其他高校、国际其他高校的课程； 如服务科学导论、数字视音频处理、计算机游戏程序设计、计算机动画、虚拟现实与数字娱乐等
专业课程	毕业论文（设计）	
	实践教学环节	课程综合实践Ⅰ、课程综合实践Ⅱ、工程实践
	专业基础课程	数据结构基础、数字逻辑设计、面向对象程序设计、面向信息技术的沟通技巧
	专业必修课程	信息安全原理与数学基础、汇编语言程序设计基础、软件安全、操作系统、高级数据结构与算法分析、计算机组成、密码学、数据安全与隐私保护、计算机网络、网络安全原理与实践、编译原理、系统安全、无线与物联网安全基础
	专业选修课程	现代博弈论基础与应用、密码学进阶、面向网络空间安全的信号处理、多媒体安全、硬件安全基础、安全法律法规与伦理、区块链安全与数字货币原理、电子取证、科研实践、网络空间安全导论、软件逆向工程技术、安全多方计算、量子密码、存储安全及数据备份与恢复、入侵检测与网络防护技术、信任与认证、工业控制安全、电子商务安全、云与边缘计算安全、舆情分析与社交网络安全、计算机体系结构、信息关联与情报分析、人工智能安全
通识课程		思政类、军体类、英语类、计算机类（程序设计）、人文社科类、艺术类、微积分、线性代数、大学物理等

表 1-2　课程时间安排表

年级	学期	课程属性	课程名称
大一	上学期	必修	形势与政策Ⅰ、思想道德修养与法律基础、军训、体育Ⅰ、C 程序设计基础、微积分（甲）Ⅰ、线性代数（甲）、英语水平测试
		选修	大学英语Ⅲ、大学英语Ⅳ
	下学期	必修	形式与政策Ⅰ、中国近现代史纲要、体育Ⅱ、程序设计专题、大学物理（甲）Ⅰ、微积分（甲）Ⅱ、汇编语言程序设计基础、信息安全原理与数学基础
		选修	网络空间安全导论
	短学期	选修	计算机系统概论、课程综合实践Ⅰ

年级	学期	课程属性	课程名称
大二	上学期	必修	马克思主义基本原理概论、形式与政策Ⅱ、军事理论、体育Ⅲ、大学物理（甲）Ⅱ、大学物理实验、面向对象程序设计、数据结构基础、数字逻辑设计、面向信息技术的沟通技巧、操作系统
		选修	信任与认证
	下学期	必修	形式与政策Ⅱ、体育Ⅳ、高级数据结构与算法分析、软件安全、密码学、计算机组成、数据安全与隐私保护
		选修	数据库系统、软件逆向工程技术
	短学期	选修	课程综合实践Ⅱ
大三	上学期	必修	形式与政策Ⅱ、毛泽东思想和中国特色社会主义理论体系概论、体育Ⅴ、计算机网络、网络安全原理与实践
		选修	现代博弈论基础与应用、面向网络空间安全的信号处理、计算机体系结构、密码学进阶、计算理论、专题研讨、程序设计方法学
	下学期	必修	形式与政策Ⅱ、编译原理、系统安全、无线与物联网安全基础
		选修	硬件安全基础、多媒体安全、安全法律法规与伦理、区块链安全与数字货币原理、人工智能安全、电子取证、计算机科学思想史、形式化方法与实践、安全多方计算
	短学期	选修	工程实践
大四	上学期	必修	形式与政策Ⅱ、体育Ⅱ——体测与锻炼
		选修	科研实践Ⅰ、科研实践Ⅱ、计算机前沿技术讲座、职业发展规划讲座、计算机动画、量子密码、电子商务安全、工业控制安全、云与边缘计算安全、信息关联与情报分析、存储安全及数据备份与恢复、入侵检测与网络防护技术、舆情分析与社交网络安全
	下学期	必修	毕业论文（设计）、形式与政策Ⅱ
		选修	虚拟现实与数字娱乐

表 1-3　专业基础课程必修课程和选修课程体系的学习成果矩阵

毕业要求修读课程（所有专业相关必修课）	数理、科学和工程知识基础	专业基本理论和知识	信息安全分析设计开发能力	获取新知识和新技术	工程实践和科学研究能力	沟通表达及职业发展能力
C程序设计基础	√	√	√	√	√	
汇编语言程序设计基础	√	√	√	√	√	
信息安全原理与数学基础	√	√				
数据结构基础	√	√	√	√	√	
数字逻辑设计		√	√	√		

续表

毕业要求修读课程 （所有专业相关必修课）	数理、科学和工程知识基础	专业基本理论和知识	信息安全分析设计开发能力	获取新知识和新技术	工程实践和科学研究能力	沟通表达及职业发展能力
面向对象程序设计	√	√		√	√	
面向信息技术的沟通技巧						√
软件安全	√	√	√	√	√	
操作系统	√	√	√	√		
高级数据结构与算法分析	√	√	√	√		
计算机组成	√	√		√	√	
密码学	√	√	√		√	
密码学进阶						
数据安全与隐私保护		√		√	√	√
计算机网络	√	√		√	√	
计算机体系结构	√	√	√	√	√	
网络安全原理与实践	√	√	√	√	√	
编译原理	√	√		√	√	
系统安全	√	√	√	√	√	
人工智能安全	√	√	√	√		√
无线与物联网安全基础		√	√	√	√	
网络空间安全导论		√	√	√	√	
安全法律法规与伦理		√		√		√
现代博弈论基础与应用	√				√	√
软件逆向工程技术			√		√	
区块链安全与数字货币原理			√			
安全多方计算	√		√			
量子密码	√		√			
硬件安全基础		√	√			
存储安全及数据备份与恢复			√		√	
电子取证			√			
面向网络空间安全的信号处理		√	√	√	√	

续表

毕业要求修读课程 （所有专业相关必修课）	数理、科学 和工程 知识基础	专业基本 理论和 知识	信息安全 分析设计 开发能力	获取新 知识和 新技术	工程实践 和科学研 究能力	沟通表达 及职业发 展能力
入侵检测与网络防护技术		√	√	√	√	
信任与认证		√	√		√	√
工业控制安全			√			
电子商务安全			√			
云与边缘计算安全		√	√	√	√	
多媒体安全			√			
舆情分析与社交网络安全			√	√		√
信息关联与情报分析				√		√
形式化方法与实践	√	√	√	√		

第 2 章

数学基础知识

2.1　微积分(甲)Ⅰ

课程名称：微积分(甲)Ⅰ。

英文名称：Calculus Ⅰ。

学分：5.0。

周学时：周教学课时 6.0。

面向对象：低年级本科生。

预修课程要求：无。

2.1.1　课程介绍

1. 中文简介

微积分是以函数为研究对象,运用极限手段(如无穷小与无穷逼近等极限过程),分析处理问题的一门数学学科,学时数为 96 学时。教学内容:函数极限与连续、一元函数的微分学、一元函数的积分学等。课程将采用讲授与讨论相结合的方法。

2. 英文简介

Calculus is a mathematical subject, which studies the functions, applies the method of limits (i. e. limit process like infinitesimals and infinite approximation) to analyze and deal with issues, with 96 class hours. The teaching content includes: function limits and continuity, differential calculus of one variable functions and its appliances, integral calculus of one variable functions and its appliances. The methods of discussion and case study will be used in this course, and the capacity of quick-primary policy analysis will be emphasized.

2.1.2　教学目标

1. 课程定位及学习目标

通过本课程的教学,使学生掌握微积分学的基本概念、基本理论、基本方法,具有比较熟练的运算技能,为学习后继课程和进一步获取数学知识奠定必要的数学基础;并使学生受到高等数学的思想方法熏陶和运用它们解决实际问题的基本训练;培养学生具有一定的抽象思维能力、逻辑推理能力、空间想象能力以及综合运用所学知识进行分析、解决实际问题的能力。

2. 可测量结果

(1) 理解函数的概念,了解函数的有界性、单调性、奇偶性和周期性。

(2) 掌握基本初等函数,理解数列极限与函数极限的概念,掌握极限的性质及运算法则。

(3) 理解函数连续性的性质(有界性、最大值和最小值定理、介值定理)。

(4) 理解导数和微分的概念,掌握导数的运算法则和复合函数的求导法则,了解高阶导数的概念,会求简单的 n 阶导数,会求分段函数的一阶、二阶导数,会求隐函数和由参数方程确定的函数以及反函数的导数。

(5) 理解罗尔定理、拉格朗日中值定理、泰勒定理和柯西中值定理。

(6) 掌握用洛必达法则求未定式极限的方法。

(7) 了解曲率和曲率半径的概念并会计算。

(8) 理解不定积分和定积分的概念并掌握基本公式和性质。

(9) 掌握积分中值定理、换元积分法与分步积分法,会求有理函数、三角函数有理式和简单无理函数的积分。

(10) 掌握牛顿-莱布尼茨公式,会求广义积分。

注:以上结果可以通过课堂讨论、课程作业以及考试等环节测量。

2.1.3 课程要求

1. 授课方式与课程要求

授课方式:①教师讲授(讲授核心内容、总结、按顺序提示今后内容、答疑等);②课后阅读(按照课程内容顺序阅读课堂推荐书目及参考文献);③期中考试;④期末考试。

课程要求:通过本课程的教学,使学生掌握微积分学的基本概念、基本理论、基本方法,具有比较熟练的运算技能,为学习后继课程和进一步获取数学知识奠定必要的数学基础。

2. 考试评分与建议

课程作业占 30%,期中考试占 10%,期末考试占 50%,出勤考查占 10%。

2.1.4 教学安排

第 1 次:函数极限与连续(1)。

教学内容:

• 三角恒等式。

- 基本不等式。
- 极坐标与参数方程。
- 集合与映射。
- 函数的概念和表示法。

第 2 次：函数极限与连续(2)。

教学内容：

- 复合函数与反函数的概念。
- 反函数存在定理。
- 反三角函数。
- 基本初等函数的性质与图形。

第 3 次：函数极限与连续(3)。

教学内容：

- 数列极限的定义。
- 收敛数列的性质(极限唯一性、有界性、保号性和夹逼性)。
- 极限的四则运算。

第 4 次：函数极限与连续(4)。

教学内容：

- 确界定理，单调有界准则。
- 子数列的概念，收敛数列的子数列性质。
- 维尔斯托拉斯定理。
- 柯西收敛准则。

第 5 次：函数极限与连续(5)。

教学内容：

- 函数极限的定义，单侧极限。
- 函数极限的性质(极限唯一性、局部有界性、局部保号性和夹逼性)及四则运算。
- 归结原理(Hein 定理)。

第 6 次：函数极限与连续(6)。

教学内容：

- 无穷小与无穷大的概念及其关系。
- 无穷小的性质。
- 无穷小的阶及其比较。
- 利用等价无穷小的代换计算极限。

第 7 次：函数极限与连续(7)。

教学内容：

- 函数连续的概念，单侧连续性。
- 间断点及其类型。

第 8 次：函数极限与连续(8)。

教学内容：

- 连续函数的四则运算,复合函数的连续性。
- 反函数的连续性。
- 初等函数的连续性。

第 9 次:函数极限与连续(9)。

教学内容:

- 利用连续性计算极限。
- 有限闭区间上连续函数的性质(有界性定理、介值定理和最大最小值定理)。

第 10 次:一元函数的微分学(1)。

教学内容:

- 导数的概念及其几何意义与物理意义,平面曲线的切线与法线,单侧导数。
- 函数可导与连续的关系。
- 导数的四则运算法则。

第 11 次:一元函数的微分学(2)。

教学内容:

- 复合函数与反函数的求导法。
- 初等函数的导数及基本导数公式表。
- 隐函数以及由参数方程所确定的函数的求导法。

第 12 次:一元函数的微分学(3)。

教学内容:

- 高阶导数的概念与计算。
- 莱布尼茨(Leibniz)公式。

第 13 次:一元函数的微分学(4)。

教学内容:

- 微分的概念、几何意义。
- 微分的运算法则及一阶微分形式不变性。
- 利用微分进行近似计算。

第 14 次:一元函数的微分学(5)。

教学内容:

- 费马(Fermat)定理。
- 罗尔(Rolle)定理。
- 拉格朗日(Lagrange)定理。
- 柯西(Cauchy)定理。

第 15 次:一元函数的微分学(6)。

教学内容:

- 洛必达法则。
- 其他类型未定式极限的计算。

第 16 次:一元函数的微分学(7)。

教学内容:

- 泰勒(Taylor)定理(拉格朗日余项及皮亚诺(Peano)余项泰勒公式)。
- 常用的 5 个函数的麦克劳林公式。
- 泰勒定理的应用。

第 17 次：一元函数的微分学(8)。

教学内容：

- 函数单调性的判定。
- 函数极值的概念,极值的必要条件与充分条件(极值判定法)。
- 函数最大值和最小值的计算。

第 18 次：一元函数的微分学(9)。

教学内容：

- 平面曲线的凹向与拐点及其判定法。
- 曲线的渐近线(水平、铅直及斜渐近线)的求法。

第 19 次：一元函数的微分学(10)。

教学内容：

- 函数图形描绘。
- 曲率的概念及其计算公式。
- 曲率圆、曲率中心的概念。

第 20 次：一元函数的积分学(1)。

教学内容：

- 原函数与不定积分的概念。
- 积分曲线及其几何意义。
- 不定积分的基本性质与运算法则。

第 21 次：一元函数的积分学(2)。

教学内容：

- 基本的积分公式表。
- 不定积分的换元积分法与分部积分法。

第 22 次：一元函数的积分学(3)。

教学内容：

- 有理函数的积分。
- 三角函数有理式的积分。
- 简单无理函数的积分。

第 23 次：一元函数的积分学(4)。

教学内容：

- 定积分的概念。
- 定积分的几何意义和物理意义。
- 函数可积的必要条件与充分条件。

第 24 次：一元函数的积分学(5)。

教学内容：

- 定积分的基本性质(包括积分中值定理)。
- 积分基本定理。
- 变上限的定积分及其导数。

第 25 次:一元函数的积分学(6)。

教学内容:

- 原函数存在性与唯一性。
- 牛顿-莱布尼茨(Newton-Leibniz)公式。

第 26 次:一元函数的积分学(7)。

教学内容:

- 定积分的换元积分法与分部积分法。
- 特殊函数的定积分。

第 27 次:一元函数的积分学(8)。

教学内容:特殊函数的定积分。

第 28 次:一元函数的积分学(9)。

教学内容:

- 定积分应用:定积分应用的微元分析法。
- 几何应用:平面图形的面积。
- 已知平行截面面积的立体体积(特别是旋转体体积)。
- 平面曲线的弧长与计算。
- 弧长微分公式。
- 旋转体的侧面积。

第 29 次:一元函数的积分学(10)。

教学内容:物理应用——变力作功、液体的静压力等。

第 30 次:一元函数的积分学(11)。

教学内容:两种广义积分的概念及其计算法。

第 31 次:一元函数的积分学(12)。

教学内容:函数的定义及其递推公式。

第 32 次:复习。

教学内容:复习所学知识。

2.1.5 参考教材及相关资料

[1] 卢兴江,陈锦辉,戴俊飞,等.微积分(上册)[M].北京:高等教育出版社,2018.

[2] 苏德矿,吴明华,金蒙伟,等.微积分[M].北京:高等教育出版社,2000.

[3] 吴迪光,张彬.微积分[M].杭州:浙江大学出版社,1995.

[4] 同济大学数学教研室.高等数学[M].北京:高等教育出版社,1999.

[5] 苏德矿,应文隆,卢兴江,等.高等数学习题课 28 讲[M].长沙:中南大学出版社,2018.

[6] 苏德矿,应文隆.高等数学学习辅导讲义[M].杭州:浙江大学出版社,2015.

［7］　居余马,葛严麟.高等数学(2、3 卷)［M］.北京：清华大学出版社,1996.

［8］　龚升,张声雷.简明微积分［M］.2 版.合肥：中国科技大学出版社,1993.

［9］　华东师范大学数学系.数学分析(上、下)［M］.北京：高等教育出版社,1996.

［10］　王立冬,周文书.Calculus 工科微积分(上下册)(双语版)［M］.大连：大连理工大学出版社,2009.

［11］　Patrick M Fitzpatrick.高等微积分(英文版)［M］.北京：机械工业出版社,2005.

2.2　微积分(甲)Ⅱ

课程名称：微积分(甲)Ⅱ。

英文名称：Calculus Ⅱ。

学分：5.0。

周学时：周教学课时 6.0。

面向对象：低年级本科生。

预修课程要求：微积分(甲)Ⅰ。

2.2.1　课程介绍

1. 中文简介

微积分是以函数为研究对象,运用极限手段(如无穷小与无穷逼近等极限过程),分析处理问题的一门数学学科,学时数为 96 学时。教学内容：无穷级数、矢量代数与空间解析几何、多元函数的微分学、多元函数的积分学、场论初步。课程将采用讲授与讨论相结合的方法。

2. 英文简介

Calculus is a mathematical subject, which studies the functions, applies the method of limits (i. e. limit process like infinitesimals and infinite approximation) to analyze and deal with issues, with 96 class hours. The teaching content includes: infinite series, vector algebra and analytic geometry in space, differential calculus of multivariable functions and its applications, integral calculus of multivariable functions and its appliances, field theory. The methods of discussion and case study will be used in this course, and the capacity of quick-primary policy analysis will be emphasized.

2.2.2　教学目标

1. 课程定位及学习目标

通过本课程的教学,使学生掌握微积分学的基本概念、基本理论、基本方法,具有比较熟练的运算技能,为学习后继课程和进一步获取数学知识奠定必要的数学基础;并使学生受到高等数学的思想方法熏陶和运用它们解决实际问题的基本训练;培养学生具有一定的抽象思维能力、逻辑推理能力、空间想象能力以及综合运用所学知识进行分析、解决实际问题的能力。

2. 可测量结果

(1) 理解级数的概念,掌握级数的基本性质及收敛的必要条件。

(2) 掌握几何级数、正项级数、交错级数和任意项级数的概念。

(3) 了解函数项级数和幂级数的概念。

(4) 了解函数展开为泰勒级数的充分必要条件。

(5) 掌握麦克劳林展开式。

(6) 理解空间直角坐标系,理解向量的概念,掌握运算。

(7) 掌握平面方程和直线方程及其求法,会求平面与直线、直线与直线、平面与平面间的关系。

(8) 了解曲面方程和空间曲线方程的概念。

(9) 理解多元函数的概念。

(10) 理解多元函数偏导数和全微分的概念,会求全微分。

(11) 理解方向导数与梯度的概念并掌握其计算方法。

(12) 了解隐函数存在定理,会求偏导数。

(13) 理解多元函数极值和条件极值的概念。

(14) 理解并会计算二重积分、三重积分。

(15) 掌握计算两类曲线积分的方法,了解两类曲面积分的概念。

(16) 掌握格林公式,会用高斯公式、斯托克斯公式。

(17) 会用重积分、曲线积分及曲面积分求一些几何量和物理量。

注:以上结果可以通过课堂讨论、课程作业以及考试等环节测量。

2.2.3　课程要求

1. 授课方式与课程要求

授课方式:①教师讲授(讲授核心内容、总结、按顺序提示今后内容、答疑等);②课后阅读(按照课程内容顺序阅读课堂推荐书目及参考文献);③期中考试;④期末考试。

课程要求:通过本课程的教学,使学生掌握微积分学的基本概念、基本理论、基本方法,具有比较熟练的运算技能,为学习后继课程和进一步获取数学知识奠定必要的数学基础。

2. 考试评分与建议

课程作业占 30%,期中考试占 10%,期末考试占 50%,出勤考查占 10%。

2.2.4　教学安排

第 1 次:无穷级数(1)。

教学内容：

- 数项级数(收敛、发散、和)的概念。
- 级数收敛的必要条件。
- 收敛级数的线性运算。

第 2 次：无穷级数(2)。

教学内容：

- 正项级数的收敛性判别法(比较判别法、比值判别法、根值判别法及其极限形式)。
- 几何级数的收敛性。
- 交错级数的莱布尼茨判别法及其余项估计。

第 3 次：无穷级数(3)。

教学内容：

- 绝对收敛与条件收敛的概念。
- 绝对收敛与收敛的关系。
- 绝对收敛级数的性质。

第 4 次：无穷级数(4)。

教学内容：

- 函数项级数的收敛点、收敛域及和函数的概念。
- 幂级数收敛性的阿贝尔(Abel)定理。
- 幂级数的收敛半径存在定理。

第 5 次：无穷级数(5)。

教学内容：

- 幂级数的收敛半径、收敛区间及收敛域的求法。
- 幂级数在其收敛区间内和函数的基本性质：连续性、逐项积分与逐项求导。
- 幂级数的四则运算。
- 幂级数求和函数。

第 6 次：无穷级数(6)。

教学内容：

- 函数展开为幂级数(即泰勒级数展开)的唯一性、条件及展开方法。
- 常用基本函数的麦克劳林(Maclaurin)展开式。
- 泰勒展开在近似计算等方面的应用。

第 7 次：无穷级数(7)。

教学内容：

- 三角级数的概念。
- 三角函数系及其正交性。
- 函数的傅里叶级数展开。
- 狄利克雷收敛性定理。
- 函数展开成正弦级数、余弦级数。

第 8 次：矢量代数与空间解析几何(1)。

教学内容：
- 矢量(向量)的概念及其几何表示。
- 矢量的运算(加法、数乘、点乘和叉乘等)及其几何意义。
- 空间直角坐标系,两点间的距离,矢量的坐标表示,用矢量的坐标表示进行运算。

第 9 次：矢量代数与空间解析几何(2)。

教学内容：
- 两个矢量垂直与平行(共线)的条件。
- 三矢量的混合积及其几何意义。
- 三矢量共面的条件。

第 10 次：矢量代数与空间解析几何(3)。

教学内容：
- 平面方程。
- 直线方程的几种形式。
- 平面和直线相互的位置关系判断。

第 11 次：矢量代数与空间解析几何(4)。

教学内容：
- 曲面方程的概念。
- 常用的球面、柱面、锥面及旋转面的方程。

第 12 次：矢量代数与空间解析几何(5)。

教学内容：
- 空间曲线的一般方程与参数方程。
- 空间曲线向坐标平面投影的投影柱面和投影曲线方程。
- 二次曲面的标准方程及其图形。

第 13 次：多元函数的微分学(1)。

教学内容：
- 多维欧氏空间相关概念。
- 多元函数的概念。
- 多元函数(特别是二元函数)的极限与连续性的概念。
- 在有界闭区域上连续函数的性质：有界性、最大最小值定理和介值定理等。

第 14 次：多元函数的微分学(2)。

教学内容：
- 偏导数的概念及其几何意义,高阶偏导数的概念。
- 混合偏导数与求导次序无关的定理,全增量公式。
- 复合函数的求导法(链式法则)。

第 15 次：多元函数的微分学(3)。

教学内容：
- 隐函数存在定理。
- 隐函数的求导法。

- 全微分的概念及计算法。

第 16 次：多元函数的微分学(4)。

教学内容：

- 函数可微与函数偏导数存在、函数连续等的相互关系。
- 一阶微分形式的不变性。
- 利用全微分进行近似计算或误差估计等。

第 17 次：多元函数的微分学(5)。

教学内容：

- 二元函数泰勒定理。
- 多元函数的极值概念。
- 多元函数极值存在的必要条件。
- 二元函数极值存在的充分条件。

第 18 次：多元函数的微分学(6)。

教学内容：

- 最大(小)值的求法。
- 条件极值概念与拉格朗日(Lagrange)乘数法。
- 空间曲线的切线与法平面、曲面的切平面与法线。

第 19 次：多元函数的微分学(7)。

教学内容：

- 向量函数。
- 向量场的概念及其极限。
- 连续和导数等概念与意义。
- 方向导数和梯度的概念及其计算法。

第 20 次：多元函数的积分学(1)。

教学内容：

- 二重积分的概念及其几何意义与物理意义。
- 二重积分的基本性质(包括积分中值定理)。
- 二重积分的计算法(在直角坐标系、极坐标系下)。

第 21 次：多元函数的积分学(2)。

教学内容：

- 二重积分的一般变量替换法。
- 二重积分在几何上(平面图形面积、立体体积等)和物理上(平面薄片的质量、转动惯量、重心等)的应用。

第 22 次：多元函数的积分学(3)。

教学内容：

- 三重积分的概念与性质。
- 三重积分的计算法(在直角坐标、柱坐标和球坐标系下)。

第 23 次：多元函数的积分学(4)。

教学内容：
- 三重积分的一般变量替换法。
- 三重积分的应用(立体的体积,物体的质量、重心、转动惯量及引力等)。

第 24 次：多元函数的积分学(5)。

教学内容：
- 空间曲线的弧长。
- 第一类曲线积分的概念及计算方法。
- 变力沿曲线做功。
- 第二类曲线积分的概念及其计算方法。

第 25 次：多元函数的积分学(6)。

教学内容：
- 格林(Green)公式。
- 平面曲线积分与路径无关的条件。

第 26 次：多元函数的积分学(7)。

教学内容：
- 平面非单连通区域上的曲线积分及循环常数。
- 两类曲线积分的应用(曲线构件的质量、转动惯量、重心等以及力场沿曲线所做的功等)。

第 27 次：多元函数的积分学(8)。

教学内容：
- 曲面面积。
- 第一类曲面积分的概念及计算方法。
- 矢量场的流量。
- 第二类曲面积分的概念及计算方法。

第 28 次：多元函数的积分学(9)。

教学内容：
- 高斯(Gauss)公式。
- 斯托克斯(Stokes)公式。
- 空间曲线积分与路径无关的条件。

第 29 次：多元函数的积分学(10)。

教学内容：两类曲面积分的应用(曲面面积,曲面片的质量、转动惯量和重心等以及矢量场通过曲面的流量等)。

第 30 次：多元函数的积分学(11)。

教学内容：
- 矢量场的流量与散度的概念及其计算方法。
- 矢量场的环流量与旋度的概念及其计算方法。

第 31 次：多元函数的积分学(12)。

教学内容：

- 有势场、无源场及调和场的概念与性质。
- 有势场、无源场及调和场的计算方法。

第 32 次：复习。

教学内容：复习所学知识。

2.2.5　参考教材及相关资料

[1]　卢兴江,陈锦辉,戴俊飞,等.微积分(下册)[M].北京：高等教育出版社,2018.

[2]　苏德矿,吴明华,金蒙伟,等.微积分[M].北京：高等教育出版社,2000.

[3]　吴迪光,张彬.微积分[M].杭州：浙江大学出版社,1995.

[4]　同济大学数学教研室.高等数学[M].北京：高等教育出版社,1999.

[5]　苏德矿,应文隆,卢兴江,等.高等数学习题课 28 讲[M].长沙：中南大学出版社,2018.

[6]　苏德矿,应文隆.高等数学学习辅导讲义[M].杭州：浙江大学出版社,2015.

[7]　居余马,葛严麟.高等数学(2、3 卷)[M].北京：清华大学出版社,1996.

[8]　龚升,张声雷.简明微积分[M].2 版.合肥：中国科技大学出版社,1993.

[9]　华东师范大学数学系.数学分析(上、下)[M].北京：高等教育出版社,1996.

[10]　王立冬,周文书.Calculus 工科微积分(上下册)(双语版)[M].大连：大连理工大学出版社,2009.

[11]　Patrick M Fitzpatrick.高等微积分(英文版)[M].北京：机械工业出版社,2005.

2.3　线性代数(甲)

课程名称：线性代数(甲)。

英文名称：Linear A lgebra。

学分：3.5。

周学时：周教学课时 4.0。

面向对象：低年级本科生。

预修课程要求：无。

2.3.1　课程介绍

1. 中文简介

本课程是文理科公选课程。线性方程组的求解、矩阵理论、线性空间以及线性变换理论都是现代科学和技术的重要基础,而行列式是其中不可缺少的研究工具。二次型的研究刻画了几何的特性和需求。

2. 英文简介

This course is a degree program for undergraduate students of Zhejiang University whose majority is in the field of engineering and science, etc. It includes the theories of solving linear equations, the basic theory of matrix, linear space and quadratic form, and an introduction to the theory of linear transformation, which are very useful in science and technology.

2.3.2　教学目标

1. 课程定位及学习目标

为后续课程打下良好的基础,使得修完本课程成绩合格的学生,能在后续的课程及其工作中,比较熟练地运用本课程所涉及的思维方式、理论及技巧。

2. 可测量结果

(1) 理解行列式的概念,能熟练运用行列式的基本性质以及行列式按行(列)展开定理计算行列式,会用 Laplace 定理和 Cramer 法则解线性方程组。

(2) 理解矩阵及其秩的概念,会用初等变换求其秩,掌握线性方程组有解、有唯一解以及无解的条件。

(3) 会熟练运用矩阵的加法、数乘、乘法、转置等运算法则,会计算方阵乘积的行列式。理解矩阵可求逆的概念,掌握利用伴随矩阵和初等变换求出矩阵逆的方法。理解矩阵的初等变换和初等矩阵的关系,理解初等变换和矩阵乘法的关系,掌握矩阵可逆的充要条件。掌握分块矩阵的运算法则。

(4) 理解线性空间、向量的线性组合和线性表示、向量组等价、向量组的线性相关线性无关以及向量组的极大线性无关组和向量组秩的概念,掌握向量组线性相关、线性无关的性质,能判断向量组的线性相关和无关性,会求出向量组的极大线性无关组、确定向量组的秩。

(5) 掌握子空间的判断条件,会求出线性空间的基、维数以及向量在一组基下的坐标。

(6) 理解基变换的概念,会求过渡矩阵,会用坐标变换公式。掌握理解向量组的秩与矩阵秩的关系。理解非齐次线性方程组的解与其导出的齐次线性方程组的解之间的关系,掌握齐次线性方程组基础解系的求法以及写出非齐次线性方程组的通解。

(7) 理解内积和欧氏空间的概念,掌握 Schmidt 正交化方法,理解标准正交基、正交矩阵的概念及其相关性质。

(8) 了解线性变换的概念。了解线性变化和矩阵特定的一一对应关系。

(9) 理解并能熟练计算矩阵的特征值和特征向量,掌握矩阵的特征值和特征向量的相关性质。

(10) 理解相似矩阵的概念和性质。掌握矩阵可相似对角阵的充要条件,能熟练地利用之化矩阵为对角阵。理解实对称矩阵的特征值和特征向量的性质,能熟练地用正交矩阵将实对称矩阵化为对角阵。

(11) 理解二次型及其秩的概念,理解对称矩阵和二次型的一一对应关系,理解二次型的标准形、规范形概念以及惯性定理,熟练利用配方法和正交矩阵化二次型为标准形。

注:以上结果可以通过课堂讨论、课程作业以及考试等环节测量。

2.3.3　课程要求

1. 授课方式与课程要求

授课方式:①教师讲授(讲授核心内容、总结、按顺序提示今后内容、答疑等);②课后阅读(按照课程内容顺序阅读课堂推荐书目及参考文献);③期中考试;④期末考试。

课程要求:通过本课程的教学,使学生掌握线性代数的基本概念、基本理论、基本方法,具有比较熟练的运算技能,为学习后继课程和进一步获取数学知识奠定必要的数学基础。

2. 考试评分与建议

课程作业占 20%,期中考试占 20%,期末考试占 50%,出勤考查占 10%。

2.3.4　教学安排

第 1 次:行列式与 Cramer 法则(1)。
教学内容:
- 数域与排列。
- 行列式的概念和基本性质。
- 行列式按行(列)展开定理。

第 2 次:行列式与 Cramer 法则(2)。
教学内容:
- 行列式按行(列)展开定理。
- Laplace 定理。
- 使用 Cramer 法则解线性方程组。

第 3 次:线性方程组。
教学内容:
- 矩阵及其秩的概念。
- 用初等行(列)变换求矩阵的秩。
- 使用消元法(矩阵初等行变换)解线性方程组。

第 4 次:矩阵(1)。
教学内容:
- 矩阵的加、减、数乘和转置运算。
- 矩阵的乘法运算。
- 求逆运算。

第 5 次:矩阵(2)。
教学内容:

- 矩阵的行列式和行列式乘法法则。
- 分块矩阵及其应用。
- 初等变换与初等矩阵。

第 6 次：矩阵(3)。

教学内容：

- 利用矩阵的初等变换求逆。
- 矩阵等价和等价标准形。

第 7 次：线性空间和线性变换(1)。

教学内容：

- 线性空间的概念。
- 向量的线性组合。
- 向量的线性表示。
- 向量组的线性相关。
- 向量组的线性无关。

第 8 次：线性空间和线性变换(2)。

教学内容：

- 等价向量组。
- 基与维数的概念。
- 有限维线性空间向量的坐标概念。
- n 维线性空间的基变换和坐标变换。

第 9 次：线性空间和线性变换(3)。

教学内容：

- 过渡矩阵。
- 子空间。
- 向量组的秩和矩阵的秩的关系。

第 10 次：线性空间和线性变换(4)。

教学内容：

- 线性方程组解的结构。
- 欧氏空间内积。
- Schmidt 正交化方法。
- 标准正交基。
- 正交矩阵及其性质。

第 11 次：线性空间和线性变换(5)。

教学内容：

- 线性变换。
- 线性变换关于一组基的矩阵。
- 线性变换和矩阵的一一对应关系。
- 最小二乘法。

- 映射。
- 线性空间的同构。
- 线性变换关于其相关运算构成线性空间。

第 12 次：矩阵相似与对角化(1)。

教学内容：

- 相似矩阵的概念及性质。
- 矩阵的特征值和特征向量的概念、性质和方法。

第 13 次：矩阵相似与对角化(2)。

教学内容：

- 矩阵可对角化的充分必要条件及其相似对角矩阵的确定。
- 实对称矩阵的特征值和特征向量的性质。

第 14 次：矩阵相似与对角化(3)。

教学内容：

- 实对称矩阵可通过正交矩阵实施对角化。
- 线性变换的特征值和特征向量与矩阵的特征值和特征向量的关系。

第 15 次：二次型(1)。

教学内容：

- 二次型及其矩阵表示。
- 合同变换与合同矩阵。
- 二次型的秩及惯性定理。

第 16 次：二次型(2)。

教学内容：

- 二次型的标准形和规范形。
- 用正交替换和配方法化二次型为标准形。
- 二次型和对应矩阵的正定性及其判别法。

2.3.5　参考教材及相关资料

[1]　陈维新.线性代数[M].2 版.北京：科学出版社,2006.

[2]　黄正达,李方.高等代数(上册)[M].杭州：浙江大学出版社,2013.

[3]　胡金德.线性代数辅导[M].北京：清华大学出版社,1995.

[4]　居余马.线性代数[M].北京：清华大学出版社,1995.

第3章

专业基础课程

3.1 C程序设计基础

课程名称：C程序设计基础。

英文名称：Fundamentals of C Programming。

学分：3.0。

周学时：周教学课时 2.0；周实验学时 2.0。

面向对象：低年级本科生。

预修课程要求：无。

3.1.1 课程介绍

1. 中文简介

通过介绍 C 语言及其编程技术和基本的问题求解算法，使学生理解高级程序设计语言的结构，掌握基本的程序设计过程和技巧，具备初步的高级语言程序设计能力。课程内容主要包括：数据类型与表达式、程序基本流程控制、函数及程序模块化设计、数组与文件应用、算法基础等。

2. 英文简介

This course will mainly introduce to the students the C programming language and its programming technology, and explain the basic algorithms of solving the problems. This course aims to make the students know the components of the high level programming language, master the basic processes and skills of programming, possess the basic abilities of programming in high level programming languages. The main contents of this course include: the data types and expressions, the basic flow-controlling of the programs, the functions and modular programming, the data array and file applications, the basic algorithms, etc.

3.1.2 教学目标

1. 课程定位及学习目标

通过介绍 C 语言的编程技术以及相应的实验训练，使学生了解高级程序设计语言的结构,掌握基本的程序设计过程和技巧,以及用计算机解决问题的基本方法。

2. 可测量结果

(1) 能够利用 C 语言进行程序基本流程设计。

(2) 掌握模块化程序设计基本方法,并熟练运用函数进行程序模块化设计。

(3) 理解并掌握基本数据类型,并熟练使用数组等复杂数据构造手段。

(4) 掌握利用标准函数和文件进行数据输入输出的方法。

(5) 掌握基本的程序调试方法。

(6) 基本形成比较好的程序设计风格。

3.1.3 课程要求

1. 授课方式与课程要求

授课方式:①教师讲授(讲授核心内容、总结、按顺序提示今后内容、答疑等);②课后阅读(按照课程内容顺序阅读课堂推荐书目及参考文献);③期末考试;④课程实验。

课程要求:培养学生的逻辑思维能力和计算机意识,使学生掌握高级程序设计语言的基本结构,掌握基本的程序设计过程和技巧,掌握基本的分析问题和利用计算机求解问题的能力,具备初步的高级语言程序设计能力。

2. 考试评分与建议

课程作业占 20%,期末考试占 50%,课程实验占 30%。

3.1.4 教学安排

第 1 次:计算机基础。

教学内容:

- 计算机的基本工作原理。
- 数的表示与进制。
- 程序与程序设计语言。
- 实现问题求解的过程。
- 上机实验环境及上机步骤介绍。

第 2 次:用 C 语言编写程序。

教学内容:

- 一个简单程序:输出"Hello world!"。
- 求华氏温度对应的摄氏温度。
- 计算分段函数。
- 输出华氏温度-摄氏温度转换表。
- 生成乘方表与阶乘表。
- 程序的调试(单步跟踪、断点设置、变量查看)。

第 3 次：分支结构。

教学内容：

- 字符类型。
- 字符型数据的输入和输出。
- 逻辑运算。
- if 语句、else-if 语句。
- switch 语句。
- 分支控制结构程序设计。

第 4 次：循环结构。

教学内容：

- while 语句。
- do-while 语句。
- 循环语句的选择。
- break 语句和 continue 语句。
- 嵌套循环。
- 循环结构程序设计。

第 5 次：函数与程序结构。

教学内容：

- 函数的定义。
- 函数的调用。
- 函数的参数传递。
- 使用函数编写程序（强调代码注释）。
- 局部变量与全局变量。
- 变量生命周期和静态局部变量。
- 递归函数的基本概念。
- 宏基本定义。
- 文件包含。
- 编译预处理。
- 结构化程序设计。

第 6 次：数据类型和表达式。

教学内容：

- 数据的存储和基本数据类型。
- 变量和常量。
- 数据的输入和输出。
- 类型转换。
- 表达式。
- 数组的定义、引用和初始化。
- 字符数组与字符串。

第 7 次：指针与结构。

教学内容：

- 地址和指针。
- 指针变量的定义与初始化。
- 指针的基本运算。
- 指针作为函数的参数。
- 指针与数组、字符串。
- 指针数组。
- 指向指针的指针。
- 指针作为函数的返回值。
- 结构的概念与定义以及初始化。
- 结构的使用。
- 结构数组。
- 结构指针。

第 8 次：文件。

教学内容：

- 文件的概念。
- 文本文件和二进制文件。
- 缓冲文件系统。
- 文件结构与文件类型指针。
- 打开文件。
- 关闭文件。
- 文件的操作（读写、定位、判断文件末尾标志、错误检测与清除等）。
- 文件的应用。

3.1.5　参考教材及相关资料

［1］　何钦铭，颜晖.C 语言程序设计［M］.3 版.北京：高等教育出版社,2015.

［2］　颜晖.C 语言程序设计实验与习题指导［M］.3 版.北京：高等教育出版社,2015.

［3］　Brian W. Kernighan, Dennis M. Ritchie. The C Programming Language［M］. Second Edition.北京：清华大学出版社,1997.

［4］　谭浩强.C 程序设计［M］.北京：清华大学出版社,1999.

［5］　张引,何钦铭.C 程序设计基础课程设计［M］.杭州：浙江大学出版社,2007.

［6］　罗伯茨.C 语言的科学和艺术［M］.翁惠玉,张冬荣,杨鑫,等译.北京：机械工业出版社,2011.

［7］　何钦铭.C 语言程序设计经典实验案例集［M］.北京：高等教育出版社,2012.

3.2　程序设计专题

课程名称：程序设计专题。
英文名称：Program Design Project。
学分：2.0。
周学时：周教学课时 1.0；周实验课时 2.0。
面向对象：低年级本科生。
预修课程要求：C 程序设计基础。

3.2.1　课程介绍

1. 中文简介

在"程序设计基础"课程的基础上，通过围绕 C 语言程序设计的 4 个专题进一步提高学生应用高级程序设计语言进行程序设计的能力，特别是在复杂数据组织以及基本算法设计方面的能力。4 个专题内容为：模块化程序设计与递归函数、结构/链表与堆栈、图形程序设计基础、查找/排序与算法分析。

2. 英文简介

Based on the course "Fundamental of C Programming", this course will introduce to the students the four special topics to improve more the abilities of programming using the advanced programming languages, especially of the organizations of the complex data and the designs of the basic algorithms. The four special topics include: programming using modular and function recursion, the structure/chain list and the stack, the basic of graphics programming, the search/sort algorithms and its analysis.

3.2.2　教学目标

1. 课程定位及学习目标

掌握复杂数据的基本组织方法，理解查找与排序方面的基本算法和算法分析基本方法，掌握图形库函数以及模块化程序设计方法的基本应用。

2. 可测量结果

(1) 掌握模块化程序设计思想以及递归函数的设计方法，并具备基本的较大型模块化程序设计能力。

(2) 理解图形程序设计的基本过程，掌握图形库的使用方法。

(3) 掌握链表的建立、维护等基本使用方法。

(4) 理解堆栈的基本概念，初步掌握堆栈的数据结构和应用。

(5) 掌握排序和查找的基本方法，并理解分治法和算法效率的基本分析方法。

3.2.3　课程要求

1. 授课方式与课程要求

授课方式：①教师讲授(讲授核心内容、总结、按顺序提示今后内容、答疑等)；②期末考试；③课程实验；④期末报告。

课程要求：掌握模块化程序设计思想以及递归函数的设计方法,理解图形程序设计的基本过程,掌握链表、堆栈的基本应用,掌握排序和查找的基本方法。

2. 考试评分与建议

课程作业占 20％,期末考试占 50％,课程实验占 20％,出勤考查占 10％。

3.2.4　教学安排

第 1 次：模块化程序设计与递归函数。

教学内容：

- C 程序的框架结构与函数的组织。
- 宏定义。
- 编译预处理。
- 函数接口设计(头文件)。
- 工程文件。
- 代码规范。
- 递归函数。

第 2 次：结构/链表与堆栈。

教学内容：

- 结构的定义与使用。
- 结构数组。
- 结构指针。
- 链表的概念。
- 链表的基本操作(构建、遍历、插入和删除)。
- 堆栈的概念与实现。

第 3 次：图形程序设计基础。

教学内容：

- 图形库介绍。
- 基本的图形绘制方法。
- 图形的交互手段。
- 图形程序设计示例。

第 4 次：查找/排序与算法分析。

教学内容：

- 简单查找与二分查找。
- 简单排序算法(选择法、冒泡法)。
- 算法的基本设计思想。
- 分治法与归并排序。
- 不同排序算法的效率分析与比较。

3.2.5　参考教材及相关资料

［1］　何钦铭,颜晖.C语言程序设计[M].2版.北京：高等教育出版社,2012.
［2］　张引,何钦铭.C程序设计基础课程设计[M].杭州：浙江大学出版社,2007.
［3］　罗伯茨.C语言的科学和艺术[M].翁惠玉,张冬荣,杨鑫,等译.北京：机械工业出版社,2011.
［4］　Brian W.Kernighan,Dennis M.Ritchie. The C Programming Language[M].Second Edition.北京：清华大学出版社,1997.
［5］　何钦铭.C语言程序设计经典实验案例集[M].北京：高等教育出版社,2012.

3.3　数据结构基础

课程名称：数据结构基础。
英文名称：Fundamentals of Data Structures。
学分：2.5。
周学时：周教学课时 2.0;周实验课时 1.0。
面向对象：低年级本科生。
预修课程要求：C程序设计基础、离散数学及其应用。

3.3.1　课程介绍

1. 中文简介

本课程的主要任务是研究非数值型数据对象的定义、表达及其有关操作。课程内容包括算法的空间复杂度和时间复杂度分析的基本方法,堆栈、队列、表、树和图等的数据结构,以及排序和查找等算法的实现和分析。通过本课程的学习,应使学生学会数据的组织方法和现实世界问题在计算机内部的表示方法,针对问题的应用背景分析,选择合适的数据结构,从而培养高级程序设计技能。

2. 英文简介

This course investigates the definitions, implementations, and functions related to non-numerical data objects. The content of this course consists of the basic methods fortime-space complexity analysis; fundamental data structures for stack, queue, list, tree and graph; implementations and analysis of sorting and searching. Students are supposed to learn how to organize data, to represent problems in a computer, to select the optimal data structure and algorithm for a specific problem, and hence improve their ability of programming.

3.3.2　教学目标

1. 课程定位及学习目标

本课程是计算机科学与技术专业的主要专业基础课。本课程也是信息技术的重要理论基础,它所讨论的知识内容和提倡的技术方法,无论对进一步学习计算机领域的其他课程,还是对计算机专业的大型信息工程的开发,都有枢纽作用。所以一般建议在专业核心课和模块课程之前修读本课程。其与"离散数学及其应用",以及计算机系统基础"数字逻辑设计"可以并行修读。如果能先修读"离散数学及其应用",对计算机处理离散结构的基本理论和方法有较为系统的理解,则对更扎实地掌握本课程内容有很大帮助。

本课程的主要任务是研究非数值型数据对象的定义、表达及其有关操作。通过本课程的学习,应使学生学会数据的组织方法和现实世界问题在计算机内部的表示方法,针对问题的应用背景分析,选择合适的数据结构,从而培养高级程序设计技能,为掌握其他专业知识打下坚实基础。

2. 可测量结果

(1) 掌握算法的空间复杂度和时间复杂度分析的基本方法。

(2) 掌握堆栈、队列、表、树和图等各类数据结构的表达。

(3) 具有数据结构应用的能力,即如何用基本数据结构类型来对现实世界问题的非结构化数据进行有效规划。

(4) 掌握排序和查找等算法的实现和分析,并具有进行算法选择的能力,即对现实世界的问题规划之后的算法选择,以及根据算法调整数据结构。

(5) 具有团队合作能力,初步体验软件工程基本环节,主要包括编程、测试和文档。

3.3.3　课程要求

1. 授课方式与课程要求

授课方式:①教师讲授(讲授核心内容、总结、按顺序提示今后内容、答疑等);②期末考试;③课程实验。

课程要求:熟悉基本知识,培养思维和表达能力及合作精神,提高中外文计算机科学文献的阅读能力。

2. 考试评分与建议

课程作业占10%,期中考试占25%,期末考试占40%,课程实验占25%。

3.3.4　教学安排

第 1 次：算法分析的基本概念。

教学内容：

- 算法的定义。
- 时间、空间复杂度的定义。
- 渐进分析方法。
- 算法分析的方法和步骤。

第 2 次：算法比较、抽象数据结构及表的概念。

教学内容：

- 实例演示用不同复杂度的算法解决同一个问题。
- 抽象数据结构（ADT）。
- 用数组和链表实现表结构。
- 双向循环链表。
- 多项式和多重链表的表示。

第 3 次：堆栈和队列。

教学内容：

- 堆栈的抽象数据结构。
- 用数组和链表实现堆栈。
- 堆栈在符号匹配中的应用。
- 后缀表达式的求值。
- 中缀表达式到后缀表达式的转换。
- 系统堆栈的结构。
- 队列的抽象数据结构。
- 用循环数组实现队列。

第 4 次：二叉树的基本概念。

教学内容：

- 树的定义。
- 表实现和二叉树实现。
- 二叉树的遍历。
- 线性二叉树。

第 5 次：二叉排序树。

教学内容：

- 二叉排序树的定义。
- 二叉排序树的查找、插入和删除。
- 二叉排序树的时间复杂度。

第 6 次：优先队列。

教学内容：

- 优先队列的应用需求。
- 优先队列的 $O(n)$ 实现算法。
- 优先队列的二叉树实现。
- 优先队列基本操作的实现。
- 用 D 叉树实现堆。

第 7 次：排序算法(1)。

教学内容：

- 插入排序。
- 希尔排序。
- 堆排序。
- 归并排序。
- 排序算法比较。

第 8 次：排序算法(2)。

教学内容：

- 快速排序。
- 表排序。
- 桶排序。
- 基数排序。
- 排序算法比较。

第 9 次：散列表(1)。

教学内容：

- 散列表的概念。
- 冲突和溢出。
- 散列表的实现。
- 常见散列函数。

第 10 次：散列表(2)。

教学内容：

- 冲突检测。
- 线性探测。
- 平方探测。
- 二次探测。
- "再散列"法。

第 11 次：并查集(1)。

教学内容：

- 期中试卷讲解。
- 综合性课程设计点评。
- 等价类划分问题。
- 并查集算法介绍。

第 12 次：并查集(2)。

教学内容：

- 并查集算法分析。
- 根据集合规模的归并算法。
- 根据树高的归并算法。
- 带路径压缩的查找算法。
- 最坏情况复杂度分析。

第 13 次：图(1)。

教学内容：

- 图的基本概念。
- 邻接矩阵、邻接表。
- 图的算法实现。
- 不同实现方法的时空复杂度分析。
- 拓扑排序算法。

第 14 次：图(2)。

教学内容：

- 单源无权最短路径算法。
- 单源加权的 Dijkstra 算法。
- 负权重的处理。
- AOE 网络关键路径算法。

第 15 次：图(3)。

教学内容：

- 最小生成树算法定义。
- Prim 算法。
- Kruskal 算法。
- 深度优先算法介绍。
- 深度优先算法应用实例。

第 16 次：复习。

3.3.5 参考教材及相关资料

[1] M A Weiss.Data Structure and Algorithm Analysis in C[M].2 版.陈越,改编.北京：人民邮电出版社,2005.

[2] 何钦铭,冯雁,陈越.数据结构课程设计[M].杭州：浙江大学出版社,2007.

[3] 陈越,何钦铭,徐镜春,等.数据结构学习与实验指导[M].北京：高等教育出版社,2013.

[4] 魏宝刚,陈越,王申康.数据结构与算法分析(C 语言版)[M].杭州：浙江大学出版社,2004.

3.4 数字逻辑设计

课程名称：数字逻辑设计。

英文名称：Digital Logic Design。

学分：4.0。

周学时：周教学课时 3.0；周实验课时 2.0。

面向对象：本科生（建议二年级）。

预修课程要求：大学物理（或电路原理）。

3.4.1 课程介绍

1. 中文简介

课程目的是使学生获得数字电子技术、计算机逻辑电路设计方面的基本理论、基本知识和基本实验技能，为深入学习计算机组成等专业课程奠定基础。要求掌握逻辑代数的基本理论，门电路、触发器及常用逻辑器件的使用方法和电气特性；掌握组合电路和时序电路的一般分析和设计方法，初步掌握运用硬件描述语言进行简单数字小系统的设计方法，从而培养数字逻辑分析和设计的基本能力，为掌握后续课程打下坚实的基础。

2. 英文简介

The aim of the course is to introduce basic theory and design methods for digital logic. The course covers number representation, digital codes, boolean algebra and logic minimization techniques, sources of delay in combinational circuits and effect on circuit performance, survey of common combinational circuit components, sequential circuit design and analysis; timing analysis of sequential circuits, concept of programmable logic devices and memories. The language used in the course can be English.

注：根据学校教学大纲惯例，英文简介无须严格对照中文简介翻译，后同。

3.4.2 教学目标

1. 课程定位及学习目标

数字逻辑设计是计算机及其应用专业关于计算机系统结构方面四门主干课程（数字逻辑设计、计算机组成原理、微机与接口技术、计算机系统结构）的第一门课。本课程的目的是使学生获得数字电子技术、计算机逻辑电路设计方面的基本理论、基本知识和基本实验技能，包括基础的逻辑元件、时序电路以及寄存器和储存器的实现等，是设计整个计算机系统的逻辑基础，为以后深入学习计算机组成、接口通信、计算机体系结构、嵌入式系统等专业课程打好基础。

由于数字集成技术的发展，现在人们已不再用分立器件去实现逻辑功能部件等，而是用硬件描述语言组合 EDA 工具或标准数字集成电路及 ASIC 去构成系统。硬件描述语言 Verlog HDL 已使计算机电路的设计形象化、工具化,为计算机组成原理和计算机体系结构等课程的学习、教学提供了强有力的手段和方法。因此,把数字逻辑和硬件描述语言结合起来讲授学习,同时以计算机部件电路为设计分析对象,既使学生掌握数字逻辑部件的分析与设计方法,又使他们了解计算机部件电路的原理与使用方法,无疑是较好的理论结合实际的学习方法。

2. 可测量结果

(1) 掌握常用数制与编码的基本概念和使用。

(2) 掌握基本门电路的电气特性及门电路的使用方法。

(3) 掌握逻辑代数的基本理论、基本公式,熟练使用公式法和卡诺图法进行逻辑函数化简。

(4) 掌握触发器的基本原理和使用方法。

(5) 掌握组合逻辑电路和同步时序逻辑电路的基本概念、一般分析和设计方法。

(6) 掌握译码器、编码器、选择器、加法器、寄存器、移位寄存器和计数器等常用计算机基本部件的基本原理、逻辑电路实现和使用方法。

(7) 熟悉常用半导体存储器的原理和使用方法。

(8) 熟悉常用可编程逻辑器件的原理和使用方法。

(9) 掌握寄存器传输控制设计方法。

(10) 初步掌握运用硬件描述语言进行简单数字小系统的设计方法。

注:以上结果可以通过课程作业、考试以及期末实验报告等环节测量。

3.4.3　课程要求

1. 授课方式与课程要求

授课方式:①教师讲授(讲授核心内容、总结、按顺序提示今后内容、答疑等);②期末考试;③课程实验;④期末报告。

课程要求:熟悉基本知识,培养思维和表达能力及合作精神,提高中外文计算机科学文献的阅读能力。

2. 考试评分与建议

课程作业占 25％,期末考试占 30％,课程实验占 30％,期末报告占 15％。

3.4.4　教学安排

第 1 次:数字计算机与信息。

教学内容:

• 数字系统、计算机与嵌入式系统定义。

• 信息的表达。

• 数制及相互转换方法。

- 基本逻辑与数字运算操作。
- 有权与无权编码。
- BCD 码及转换与运算操作。
- 常用字符编码。

第 2 次：门电路与布尔方程。

教学内容：

- 二值逻辑和逻辑门。
- 真值表。
- 门延迟。
- 布尔代数的基本概念。
- 函数标准式。

第 3 次：电路优化。

教学内容：

- 门输入成本。
- 函数的卡诺图表示。
- 卡诺图化简。
- 复合门。
- 异或操作性质。
- 高阻输出。

第 4 次：组合电路设计(1)。

教学内容：

- 组合逻辑电路定义。
- 层次化设计。
- 组合电路设计空间。
- 电路技术参数。
- 组合逻辑电路分析方法。
- 组合逻辑电路设计方法。

第 5 次：组合电路设计(2)。

教学内容：

- 工艺映射。
- 基本逻辑功能。
- 译码器。
- 编码器。
- 多路选择器。

第 6 次：算术函数及相应电路(1)。

教学内容：

- 迭代式组合电路。
- 半加器、全加器实现。

- 串行进位加法器。
- 超前进位逻辑与加法器。

第 7 次：算术函数及相应电路(2)。

教学内容：

- 带符号二进制数。
- 带符号二进制数加减。
- 二进制加法器和减法器。
- 算术逻辑单元的实现。

第 8 次：期中复习。

教学内容：

- 第 1～4 章课程的作业讲解。
- 随堂测验习题讲解。

第 9 次：时序电路——存储单元。

教学内容：

- 时序电路介绍。
- 时序电路类型。
- 常用存储元件介绍。

第 10 次：时序电路——时序电路分析。

教学内容：

- 时序电路分析。
- 电路和系统时序各要素分析。

第 11 次：时序电路——时序电路设计。

教学内容：

- 序列监测器。
- 设计状态图和状态表。
- 状态码分配及优化方法。
- 时序电路实现。

第 12 次：寄存器和寄存器传输——寄存器、微操作和实现。

教学内容：

- JK 触发器和 T 触发器。
- 寄存器传输操作。
- 基于多路选择器和基于总线的多寄存器传输操作。
- 移位寄存器。

第 13 次：寄存器和寄存器传输——计数器和寄存器传输系统。

教学内容：

- 计数器。
- 串行传输。
- 串行加法器。

- 可编程与不可编程寄存器传输系统。
- 不可编程寄存器传输系统设计实例。

第 14 次：可编程实现技术。

教学内容：

- 可编程技术简介。
- ROM、PAL 和 PLA。
- 可编程逻辑功能实现方法。

第 15 次：存储器基础。

教学内容：

- 存储器定义。
- 存储器组织。
- 基本操作与操作时序。
- 静态 RAM。
- 动态 RAM。

第 16 次：复习。

教学内容：

- 第 5～8 章课程的作业讲解。
- 随堂测验习题讲解。
- 全部课程的内容总复习。

3.4.5　参考教材及相关资料

［1］ M. Morris R. Mano，Charles R. Kime. Logic and Computer Design Fundamental ［M］.Fourth Edition.London：Pearson Education，Inc.，2007.

［2］ 夏宇闻.Verilog 数字系统设计教程［M］.北京：北京航空航天大学出版社，2003.

［3］ 施青松，董亚波.逻辑与计算机设计基础实验教程［M］.杭州：浙江大学出版社，2007.

3.5　面向对象程序设计

课程名称：面向对象程序设计。

英文名称：Object-Orientod Programming。

学分：2.5。

周学时：周教学课时 2.0；周实验课时 3.0。

面向对象：本科生（建议二年级）。

预修课程要求：C 程序设计基础。

3.5.1　课程介绍

1. 中文简介

通过理论学习和实践掌握面向对象程序设计的概念和方法,建立符合现代软件设计要求的程序设计风格。熟练掌握 C++ ,初步知其所以然,能将 C++ 合理灵活地运用于面向对象的编程中。总的来说,课程要使学生具有实际软件的分析、设计和编写能力,具有合作进行软件开发的能力。

2. 英文简介

Students will grasp the concepts and method of object-oriented programming through the study of principle and practice. They will be required to build good programming style which accord with modern software design. Students will grasp C++ language skillfully, basically know how it runs, be able to do object-oriented programming using C++ skillfully. Totally, this course will guide students to have the ability of software analysis, design and coding, as well as the ability of cooperate developing.

3.5.2　教学目标

1. 课程定位及学习目标

面向对象程序设计是一门专业的软件开发课程,课程采用 C++ 语言,运用面向对象技术,开展团队开发实践。基本目标是让学生跨过编程关,具备真实的编程能力。在具备基本编程能力后,引导学生进入更高的软件开发殿堂。

2. 可测量结果

(1) 课堂上,老师会不时提示一些自问自测问题,以让学生随时自评学习状态,发现学习中存在的偏差与不足。

(2) 平时作业,以及团队大程序,将有效发现学生关键知识点掌握的不足,更可以发现学生真实编程能力培养中的问题。

(3) 课程更多地引导学生进行经常性的有效的软件开发自我评价。

注:以上结果可以通过课堂讨论、课程作业、考试以及期末实验报告等环节测量。

3.5.3　课程要求

1. 授课方式与课程要求

授课方式:①教师讲授(讲授核心内容、总结、按顺序提示今后内容、答疑等);②课后阅读(按照课程内容顺序阅读课堂推荐书目及参考文献);③期末考试;④课程实验;⑤期末报告。

课程要求：深入掌握 C++ 语言，掌握面向对象的理论与方法，形成复杂软件团队开发中的软件技巧、合作态度和协作能力。

2. 考试评分与建议

课程作业占 15％，期末考试占 55％，出勤考查占 5％，期末报告占 25％。

3.5.4　教学安排

第 1 次：面向对象程序设计基础。

教学内容：

- 面向对象的由来和发展。
- 面向对象中的抽象。
- 类、对象和封装。
- 继承性和多态性。
- 面向对象程序设计的挑战。
- 程序设计风格基础。

第 2 次：C++ 语言基础(1)。

教学内容：

- 更好的 C。
- const。
- 引用。

第 3 次：C++ 语言基础(2)。

教学内容：

- 函数原型。
- 内联函数。
- 缺省自变量。
- 重载。

第 4 次：C++ 语言基础(3)。

教学内容：

- 类和封装。
- 私有、保护和公共。
- 构造函数和析构函数。
- 友元。
- 类中的运算符和函数重载。

第 5 次：C++ 语言基础(4)。

教学内容：

- 派生。
- 虚函数和多态性。
- 流。

第 6 次：面向对象的软件开发。

教学内容：

- 传统的软件开发方法。
- 面向对象模型。
- 面向对象设计与实现。
- 典型实例剖析。

第 7 次：C++ 的高级论题。

教学内容：

- 模板和异常处理。
- 复制构造函数与参数传递。
- 常量约束。
- 虚析构函数。
- 重载时参数匹配顺序。
- 静态成员。
- 临时对象的构造和撤销。

第 8 次：实例剖析。

教学内容：

- 问题叙述。
- 分析。
- 系统设计。
- 对象设计。
- 实现。
- 技术和风格评述。

3.3.5　参考教材及相关资料

[1]　Bruce Eckel. Thinking in C++ [M].北京：机械工业出版社,2000.

[2]　陈奇.面向对象程序设计高级教程[M].北京：高等教育出版社,2001.

[3]　Bjarne Stroustrup. The C++ Programming Language[M]. Boston：Addison-Wesley Publishing Company,1997.

[4]　Herbert Schildt.最新 C++ 语言精华[M].2 版.杨长虹,译.北京：电子工业出版社,1997.

3.6　面向信息技术的沟通技巧

课程名称：面向信息技术的沟通技巧。

英文名称：Communication Skills in Information Technology。

学分：2.0。

周学时：周教学课时 2.0;周实验课时 0.0。

面向对象：本科生(建议二年级)。

预修课程要求：无。

3.6.1　课程介绍

1. 中文简介

信息技术人才必须具备的能力,不仅仅是与机器有效沟通的技术能力,同等重要的,是与各行各业共事者进行有效沟通的能力。本课程旨在培养学生在信息技术领域与人交流时的沟通表达能力。将通过一系列案例分析与练习,帮助学生掌握个人观点表达、团队交流、文献检索与有效阅读、技术文档写作、演示等方面的基本原则与实用技巧。通过本课程的学习,学生将提高在信息技术专业领域的信息组织与沟通表达能力。

2. 英文简介

Being able to communicate effectively with computers is an important skill to people in the field of information technology. On the other hand, just as important is being able to communicate effectively with technical and non-technical colleagues. This course is aimed to train their communication skills when the students have to face people in the field of information technology. With a series of case studies and practices, the students are supposed to learn the principles and practical skills on how to express their own opinions, communicate with their teammates, search for references, read effectively, write technical documents, and give presentations. With this course we hope to improve the information organization and communication skills of the students in the field of information technology.

3.6.2　教学目标

1. 课程定位及学习目标

本课程虽然不讲授专业知识,但因为沟通表达能力是毕业生必须具备的能力之一,所以被列为计算机科学与技术专业的专业基础模块中的必修课,本课程原则上无预修课程要求。但了解一定计算机专业基础知识,可以比较容易理解课程中的例子,以及完成作业,所以建议在大二学习了一定专业基础课程后再修读本课程。通过本课程的学习,学生将提高在信息技术专业领域的信息组织与沟通表达能力。

2. 可测量结果

(1)掌握清楚表达个人观点的基本原则与方法。

(2)掌握进行有效团队沟通交流的技巧。

(3)掌握文献检索与有效阅读的一般方法。

(4)掌握技术文档写作的内容和格式两方面的规范。

(5)掌握演示的一般方法与技巧。

注：以上结果可以通过课程堂讨论、课程作业以及考试等环节测量。

3.6.3 课程要求

1. 授课方式与课程要求

授课方式：①教师讲授（讲授核心内容、总结、按顺序提示今后内容、答疑等）；②期末考试；③课程实验。

课程要求：熟悉沟通交流的各种基本原则和规范，培养信息组织和沟通表达能力及合作精神。

2. 考试评分与建议

课程作业占 30%，期末考试占 40%，出勤考查占 30%。

3.6.4 教学安排

第 1 次：个人观点表达。

教学内容：

- 介绍本课程基本要求。
- 个人观点表达的一般原则。
- 提问的智慧及说服技术。
- 案例分析与讨论。

第 2 次：团队有效沟通。

教学内容：

- 课程汇报。
- 团队有效沟通的必要性及一般原则。
- 软件团队开发和管理的协作工具。
- 案例分析与讨论。

第 3 次：文献检索与有效阅读。

教学内容：

- 课程汇报。
- 文献检索的主要途径和方法。
- 常用资料搜集、整理、分享工具。

第 4 次：技术文档写作(1)。

教学内容：

- 点评文献综述作业。
- 技术文档的一般规范及内容结构。
- 案例分析与讨论。

第 5 次：技术文档写作(2)。

教学内容：

- 点评文档评语作业。
- 技术文档的格式规范。
- 案例分析与讨论。

第 6 次：演示方法(1)。

教学内容：

- 点评文档格式作业。
- PPT 制作技巧。
- 案例分析与讨论。

第 7 次：演示方法(2)。

教学内容：

- 点评各组 PPT。
- 演示的一般原则与技巧。
- 学术会议中技术海报(Poster)的制作。
- 案例分析与讨论。

第 8 次：综合演示。

教学内容：

- 各组演示作业,参观海报并交叉评议。
- 教师点评。

3.6.5　参考教材及相关资料

[1]　David F. Beer. Writing and Speaking in the Technology Professions：A Practical Guide[M]. Second Edition.Hoboken：John Wiley & Sons,Inc.,2003.

[2]　Joan van Emden. Effective Communication for Science and Technology[M]. London：PALGRAVE,2001.

[3]　孙学军.电梯说服术——30 秒打动人心的沟通技巧[M].北京：人民邮电出版社,2011.

专业必修课程

4.1 信息安全原理与数学基础

课程名称：信息安全原理与数学基础。
英文名称：Information Security Theory and Mathematical Foundation。
学分：4.0。
周学时：周教学课时 4.0。
面向对象：本科生（建议一年级）。
预修课程要求：无。

4.1.1 课程介绍

1. 中文简介

随着计算机技术的飞速发展，计算机信息安全问题越来越受关注。本课程介绍若干作为信息安全理论与技术的理论基础或重要工具的数学领域，对于信息安全专业的学生，有必要较为系统和深入地补充相关的数学知识，以便为学生进一步学习信息安全理论及技术奠定良好的数学基础。

2. 英文简介

With the rapid development of computer technology, computer information security has attracted more and more attention. This course introduces some mathematical fields, the theoretical basis, and important tools of information security theory and technology. For students majoring in information security, it is necessary to systematically and thoroughly supplement relevant mathematical knowledge in order to lay a good mathematical foundation for further study of information security theory and technology.

4.1.2 教学目标

1. 课程定位及学习目标

通过本课程的学习使学生能掌握信息安全的原理。了解相关数学基础知识,以及将数学工具应用在信息安全场景中的基本方法。

2. 可测量结果

(1) 掌握现代信息安全的原理;了解相关数学基础知识。

(2) 熟悉一些在信息安全应用中使用这些数学知识的方法。

(3) 了解一些比较常用的安全数学工具。

注:以上结果可以通过课堂讨论以及考试等环节测量。

4.1.3 课程要求

1. 授课方式与课程要求

授课方式:①教师讲授(讲授核心内容、总结、按顺序提示今后内容、答疑等);②课后阅读(按照课程内容顺序阅读课堂推荐书目及参考文献);③课堂测试;④期末考试。

课程要求:无。

2. 考试评分与建议

课堂测试占 50%,期末考试占 40%,出勤考查占 10%。

4.1.4 教学安排

第 1 周:信息安全原理介绍。

教学内容:

- 信息安全原理介绍。
- 密码学溯源。

第 2 周:数论基础(1)。

教学内容:

- 整除性、同余性和素数。
- 整除概念和带余除法。
- 整除的性质及最小公倍数。
- 最大公因式和欧几里得除法。
- 算术基本定理和素数定理。
- 因子分解。

第 3 周:数论基础(2)。

教学内容:

- 同余概念及其基本性质。
- 剩余类及完全剩余系。
- 简化剩余系、同余式与欧拉函数。
- 欧拉定理与费马定理。
- 中国剩余定理。

第 4 周：数论基础(3)。

教学内容：

- 一次同余式。
- 二项式同余式。
- 高次同余式的解数和解法。
- 素数模的同余式。
- 雅可比符号。
- 欧几里得算法。
- 扩展的欧几里得算法。

第 5 周：离散数学基础(1)。

教学内容：

- 集合的基本概念和运算。
- 群、环和域的概念。
- 阿贝尔群。
- 子群。
- 循环群。
- 群的同态与等价。
- 有限域。

第 6 周：离散数学基础(2)。

教学内容：

- 命题符号化及联结词。
- 命题公式及分类。
- 等值演算。
- 联结词全功能集。
- 对偶与范式。
- 推理理论。

第 7 周：离散数学基础(3)。

教学内容：

- 一阶逻辑/谓词逻辑的基本概念。
- 一阶逻辑合式公式及解释。
- 一阶逻辑等值式。
- 一阶逻辑推理理论。
- 二元关系和函数。

第 8 周：离散数学基础(4)。

教学内容：

- 无向图及有向图。
- 通路、回路和图的连通性。
- 图的矩阵表示。

- 最短路径及关键路径。
- 欧拉图。
- 汉密尔顿图。
- 平面图。

第9周：概率论(1)。

教学内容：

- 样本空间与随机事件。
- 事件的相互关系及运算。
- 频率与概率。
- 等可能概型(古典概型)。
- 条件概率。
- 全概率公式与贝叶斯公式。
- 事件独立性。

第10周：概率论(2)。

教学内容：

- 随机变量与分布函数。
- 连续型随机变量及其概率密度。
- 均匀分布与指数分布。
- 正态分布。
- 随机变量函数的分布。

第11周：概率论(3)。

教学内容：

- 二元随机变量。
- 二元离散型随机变量分布律、变量边际分布律与条件分布律。
- 二元随机变量分布函数、边际分布函数及条件分布函数。
- 二元连续型随机变量边际概率密度、条件概率密度。
- 二元均匀分布与二元正态分布。
- 随机变量的独立性。

第12周：概率论(4)。

教学内容：

- 数学期望的性质。
- 随机变量与随机变量函数的数学期望。
- 方差定义、性质和计算公式。
- 协方差与相关系数。
- 不相关与独立。
- 矩、协方差矩阵，多元正态分布的性质。

第13周：概率论(5)。

教学内容：

- 按概率收敛,切比雪夫不等式。
- 大数定律与中心极限定理。
- 总体、样本、统计量与常用统计量。
- χ^2 分布。
- t 分布与 F 分布。

第 14 周:概率论(6)。

教学内容:

- 单个正态总体的抽样分布。
- 两个正态总体的抽样分布。
- 矩估计与极大似然估计。
- 估计量的评价准则与无偏性、有效性,均方误差。
- 相合性。

第 15 周:概率论(7)。

教学内容:

- 置信区间,置信限。
- 单个正态总体均值、方差的区间估计。
- 两个正态总体参数的区间估计。
- 假设检验。
- 一元线性回归。

第 16 周:复习。

教学内容:复习所学内容。

4.1.5 参考教材及相关资料

[1] 陈恭亮.信息安全数学基础[M].北京:清华大学出版社,2004.

[2] 闵嗣鹤.初等数论[M].北京:高等教育出版社,2007.

[3] 潘承洞.简明数论[M]北京:北京大学出版社,1998.

4.2 汇编语言程序设计基础

课程名称:汇编语言程序设计基础。

英文名称:The Fundamentals of Assembly Language Programming。

学分:2.0。

周学时:周教学课时 1.5;周实验学时 1.0。

面向对象:低年级本科生。

预修课程要求:C 语言程序设计基础。

4.2.1 课程介绍

1. 中文简介

本课程旨在教授学生掌握 x86 指令用法、运用指令编写汇编语言程序。学习汇编语言的目标主要包括以下 4 个方面。

(1) 学会 x86 指令的操作过程及用法。

(2) 熟练运用 x86 指令编写汇编语言程序。

(3) 熟练运用 16 位调试器 Turbo Debugger 及 32 位调试器 OllyDbg 调试程序。

(4) 运用汇编语言知识分析计算机病毒,编写杀毒程序。

2. 英文简介

This course is supposed to teach students about the usage of x86 instructions and how to use these instructions to construct assembly language programs. The target for learning assembly language is as follows:

(1) To learn the operating details and usage of x86 instructions.

(2) To construct assembly language programs with x86 instructions.

(3) To debug 16-bit executable programs with Turbo Debugger and 32-bit executable programs with OllyDbg.

(4) To analyze viruses and kill viruses based on assembly language knowledge.

4.2.2 教学目标

1. 课程定位及学习目标

学习 x86 指令的操作过程及用法,熟练运用 x86 指令编写汇编语言程序;培养对程序进行查错的能力,熟练运行 16 位调试器 Turbo Debugger 及 32 位调试器 OllyDbg;运用汇编语言知识技能分析计算机病毒,编写杀毒程序;为学习其他计算机专业课程打下扎实的基础。

2. 可测量结果

能用汇编语言编写代码并对代码进行调试查错。

4.2.3 课程要求

1. 授课方式与课程要求

授课方式:①教师讲授(讲授核心内容、总结、按顺序提示今后内容、答疑等);②期末考试。

课程要求:培养学生的逻辑思维能力、计算机意识,使学生掌握汇编语言程序设计的基本结构,掌握 8086 基本输入输出、进制转换、算术运算、逻辑运算和移位运算指令的用法,熟练运用 Turbo Debugger 调试汇编语言程序。

2. 考试评分与建议

课程作业占 40%,期末考试占 60%。

4.2.4 教学安排

第 1 次:指令和调试器(1)。

教学内容:

- 用 OllyDbg 调试 32 位程序 sum.exe。
- 用 OllyDbg 调试 32 位程序 password.exe。

第 2 次:指令和调试器(2)。

教学内容:

- 用 EXE 修改工具 QuickView 修改 password.exe。
- 用 OllyDbg 调试 32 位程序 reg.exe。

第 3 次:32 位汇编语言和 16 位汇编语言介绍。

教学内容:

- 32 位汇编语言程序 sum.asm。
- 16 位汇编语言程序 hello.asm。
- 16 位汇编语言调试器 Turbo Debugger。
- Linux 汇编语言程序 hello.s。

第 4 次:变量定义、小端规则、整数类型的取值范围、零扩充和符号扩充。

教学内容:

- 变量定义的 3 个关键字:db、dw 和 dd。
- 小端规则。
- 8 位、16 位和 32 位整数类型的取值范围。
- 零扩充和符号扩充。

第 5 次:段地址和偏移地址、直接寻址和间接寻址、如何引用数组元素。

教学内容:

- 段地址和偏移地址。
- 直接寻址和间接寻址。
- 如何引用数组元素。

第 6 次:ptr 和 assume。

教学内容:

- byte ptr、word ptr 和 dword ptr 的用法。
- assume 的作用。

第 7 次:堆栈和标志寄存器。

教学内容:

- 堆栈段的定义。

- ss 和 sp。
- 标志寄存器 FL。

第 8 次：间接寻址和端口。

教学内容：

- 间接寻址。
- 端口。
- in 和 out 指令。

第 9 次：32 位间接寻址方式和段跨越。

教学内容：

- 32 位间接寻址方式。
- 段跨越。

第 10 次：除法指令、乘法指令和扩充指令。

教学内容：

- 除法指令 div。
- 乘法指令 mul、imul。
- 符号扩充指令 cbw、cwd、cdq 和 movsx。
- 零扩充指令 movzx。

第 11 次：指针传送指令、xlat 指令、pushf 和 popf。

教学内容：

- 指针传送指令 lea、lds 和 les。
- xlat 指令。
- pushf 和 popf。

第 12 次：逻辑运算指令、移位指令和字符串指令。

教学内容：

- 逻辑运算指令 and、or、xor、not 和 test。
- 移位指令 shl、shr、sal、sar、rol、ror、rcl 和 rcr。
- 字符串指令 movsb、cmpsb、lodsb、stosb 和 scasb。

第 13 次：jmp、loop、call 和 ret 指令。

教学内容：

- jmp 指令。
- loop 指令。
- call 指令。
- ret 指令。
- 使用堆栈传递参数的 3 种方式：cdecl、pascal 和 stdcall。

第 14 次：动态变量、递归、混合语言编程、中断和缓冲溢出。

教学内容：

- 动态变量的诞生和死亡。
- 递归函数的参数在汇编语言中的表现形式。

- C 语言和汇编混合语言编程。
- 中断。
- 缓冲溢出代码演示。

第 15 次：引导型和文件型病毒分析。

教学内容：

- 引导型病毒分析。
- 文件型病毒分析。

第 16 次：如何编写杀毒程序。

教学内容：

- 引导型病毒杀毒。
- 文件型病毒杀毒。

4.2.5　参考教材及相关资料

[1]　白洪欢.汇编语言程序设计[M].北京：科学出版社,2003.

[2]　Randall Hyde.汇编语言艺术[M].北京：清华大学出版社,2005.

[3]　Stephen P. Morse. The 8086/8088 Primer[M]. New Jersey：Hayden Book Company,Inc.,1982.

[4]　Ross P. Nelson. The 80386 Book：Assembly Language Programmer's guide for the 80386[M].Redmond：Microsoft Press,1988.

[5]　Ray Duncan. Power Programming with Microsoft Macro Assembler[M]. Redmond：Microsoft Press,1992.

[6]　Ray Duncan. Advanced MS DOS Programming[M].Redmond：Microsoft Press,1986.

[7]　Tom Swan. Mastering Turbo Assembler [M]. Indianapolis：Sams Publishing,1995.

4.3　软件安全

课程名称：软件安全。

英文名称：Software Security。

学分：2.5。

周学时：周教学课时 2.0；周实验学时 1.0。

面向对象：低年级本科生。

预修课程要求：C 程序设计基础、汇编语言程序设计基础、操作系统。

4.3.1　课程介绍

1. 中文简介

课程旨在教授学生理解软件安全基本原理,掌握常见的软件安全漏洞挖掘和利用技术,掌握程序和代码分析技术。学习本课程将非常有助于培养学生对于程序分析技术、软件漏洞挖掘和利用、软件安全编程的理解。

2. 英文简介

This course is about the basic concept of software security, including software vulnerabilities and attacks, program analysis and defense mechanisms. This course can help student have a better understanding of program analysis, vulnerability detection and exploitation. Moreover, it will help student understand secure programming.

4.3.2　教学目标

1. 课程定位及学习目标

本课程是网络空间安全本科专业必修课。本课程所讨论的知识涵盖多种软件攻击技术、漏洞检测技术以及代码完整性保护等技术。本课程的主要任务包括以下几个方面。

(1) 常见软件漏洞原因、利用方法,包括缓冲区溢出、ROP、格式化字符串漏洞和竞态条件等。

(2) 常见的软件分析技术,包括程序分析基础、静态代码分析、污点分析、符号执行和模糊测试。

(3) 常见的软件保护技术,包括控制流完整性、地址随机化和硬件辅助安全等。

2. 可测量结果

(1) 能分析软件中的常见漏洞并且能编写利用代码。

(2) 能利用程序分析技术对漏洞代码进行自动化分析。

(3) 可以开发保证控制流完整性的软件保护方案。

4.3.3　课程要求

1. 授课方式与课程要求

授课方式：①教师讲授(讲授核心内容、总结、按顺序提示今后内容、答疑等);②期末考试;③课后实验。

课程要求：熟悉基本知识,培养程序调试能力,掌握常见的软件安全技术并能用于实际的程序。

2. 考试评分与建议

课程作业/实验占 60%,期末考试占 40%。

4.3.4　教学安排

第 1 周：软件安全介绍。

教学内容：

- 软件安全的基本概念。
- 软件漏洞种类介绍。
- 软件漏洞利用技术介绍。
- 软件安全保护技术介绍。

第 2 周：缓冲区溢出。

教学内容：

- 程序内存布局。
- 栈与函数调用。
- 栈的缓冲区溢出攻击方法。
- 缓冲区溢出的防御措施。
- 缓冲区溢出防御的绕过。

第 3 周：格式化字符串漏洞。

教学内容：

- 可变参数函数。
- 可变参数的实现原理。
- 格式化字符串的漏洞原理。
- 格式化字符串的利用方法。
- 格式化字符串漏洞的防御措施。

第 4 周：竞态条件。

教学内容：

- 竞态条件漏洞的成因。
- 竞态条件漏洞举例。
- 竞态条件的利用方法。
- 竞态条件漏洞的防御措施。

第 5 周：漏洞挖掘和模糊测试。

教学内容：

- 漏洞挖掘的常见方法。
- 模糊测试的概念。
- 程序控制流图的概念和构建。
- 利用模糊测试进行漏洞挖掘的实例。
- 常见的模糊测试框架和工具。

第 6 周：污点分析和符号执行。

教学内容：

- 污点分析的概念。
- 符号执行的概念。
- 污点分析的使用场景。
- 污点分析面临的挑战。
- 符号执行在实际程序分析中的场景利用。

- 使用污点分析和符号执行进行程序行为分析的具体实例。

第 7 周：控制流完整性保护。

教学内容：

- 常见的软件保护技术。
- 控制流完整性和数据流完整性的概念。
- 常见的控制流完整性保护的方案。
- 控制流完整性保护的难点和挑战。
- 基于硬件的控制流完整性保护方案。

第 8 周：软件地址随机化技术。

教学内容：

- 地址随机化保护的概念。
- 地址随机化保护的使用场景。
- 用户空间地址随机化技术。
- 内核空间地址随机化技术。
- 地址随机化技术的攻防。

4.3.5　参考教材及相关资料

［1］　Gollmann D. Computer Security［M］. Hoboken：John Wiley & Sons, Inc.，1999.

［2］　Mathias Payer. Software Security：Principles，Policies，and Protection (SS3P, by Mathias Payer)［EB/OL］. ［2019-04-01］. https://nebelwelt.net/SS3P/.

［3］　The ACM Symposium on Operating Systems Principles［EB/OL］. ［2019-10-30］.http://sosp.org/.

［4］　USENIX Symposium on Operating Systems Design and Implementation［EB/OL］. ［2018-10-10］.https://www.usenix.org/conferences/byname/179.

［5］　IEEE Symposium on Security and Privacy & IEEE European Symposium on Security and Privacy［EB/OL］. ［2019-06-19］. http://www.ieee-security.org/TC/SP-Index.html.

［6］　USENIX SECURITY SYMPOSIA［EB/OL］. ［2019-08-16］. http://www.usenix.org/events/bytopic/security.html.

［7］　ACM Special Interest Group on Security，Audit and Control［EB/OL］. ［2018-07-14］.http://www.acm.org/sigsac/ccs.html.

［8］　The Internet Society. NDSS 2016 Grants Distinguished Papers Awards［EB/OL］. ［2016-02-23］.http://www.isoc.org/isoc/conferences/ndss/.

［9］　Topics in Computer and Network Security［EB/OL］. ［2019-12-4］.https://cs356.stanford.edu/.

［10］　CMPSC 447 Software Security［EB/OL］. ［2019-04-17］. http://www.cse.psu.edu/~gxt29/teaching/cs447s19/index.html.

[11]　CS 251：Cryptocurrencies and Blockchain Technologies[EB/OL]．[2018-12-10]．http://crypto.stanford.edu/cs251/．

[12]　Index of /cs155[EB/OL]．[2018-05-24]．http://crypto.stanford.edu/cs155/．

4.4　操作系统

课程名称：操作系统。

英文名称：Operating System。

学分：5.0。

周学时：周教学课时 4.0；周实验学时 2.0。

面向对象：低年级本科生。

预修课程要求：面向对象程序设计、数据结构基础、计算机组成。

4.4.1　课程介绍

1. 中文简介

操作系统是一门理论与实践并重的专业核心课程。本课程的主要任务是帮助学生理解操作系统在计算机系统中的作用和地位，掌握、运用操作系统在进行计算机软硬件资源管理时常用的概念、方法、算法和技术等。操作系统原理课程内容包括操作系统概述、进程管理、存储管理、文件系统管理、I/O 系统管理，以及现代操作系统相关方向的发展趋势。通过完成操作系统的实验环节，使学生了解操作系统的一般性体系结构，了解相关方向的发展趋势，掌握开发一个操作系统的实用技术。通过本课程培养学生计算思维能力、算法分析及设计能力、大规模软件设计与实现能力，以及计算机软硬件系统的认知、分析、设计与应用能力。

2. 英文简介

Operating system is a major core course of both theoretical and practical. This course is to help students understand the role of the operating system in a computer system, and learn how to apply the basic concepts, methods, algorithms and technologies of the operating system when managing the resources of software and hardware. The content of this course consists of the introduction, process management, memory management, file system management, I/O system, and some selected advanced topics. Students are supposed to master the computational thinking ability, algorithm analysis and design ability, large scale system design and implementation ability, and computer software and hardware system cognition, analysis, design and utilization ability.

4.4.2　教学目标

1. 课程定位及学习目标

操作系统是一门理论与实践并重的专业核心课程。一般建议在专业基础课(特别是计算机组成)之后修读。其与计算机体系结构可以并行修读,是编译原理、信息安全等专业课程的前置课程,计算机网络也需要用到本课程知识点。如果学生还同时修读汇编语言程序设计基础,则对深入理解本课程内容有更大帮助。

操作系统是计算机最基础的系统软件,与软件、硬件均密切关联,是所有软件中最复杂的。在计算机相关专业知识体系中,操作系统课程具有承上启下的重要作用。它是对先行课程的总结和提高,操作系统可提高学生对计算机系统的整体理解,为学生学习后续专业课程打下必要的知识基础,引导学生理解大型系统软件的基本结构、模型和算法,掌握各类系统的集成应用。

本课程是培养学生计算思维能力、算法分析及设计能力、大规模软件设计与实现能力,以及计算机软硬件系统的认知、分析、设计与应用能力的重要课程。

2. 可测量结果

(1) 了解操作系统发展趋势和前沿技术。

(2) 掌握操作系统的概念、方法、策略和算法等,了解计算机程序是如何运行的。

(3) 学会用操作系统提供的系统调用编写系统程序。

(4) 掌握设计、开发操作系统的常用技术。

4.4.3　课程要求

1. 授课方式与课程要求

授课方式:①教师讲授(讲授核心内容、总结、按顺序提示今后内容、答疑等);②课后阅读(按照课程内容顺序阅读课堂推荐书目及参考文献);③期末考试;④课程实验。

课程要求:掌握操作系统的概念、方法、策略和算法等,学会用操作系统提供的系统调用编写系统程序,掌握设计、开发操作系统的常用技术。

2. 考试评分与建议

课程作业占 20%,期末考试占 50%,课程实验占 30%。

4.4.4　教学安排

第 1 次:操作系统结构和运行环境。
教学内容:

- 课程导读——如何学习操作系统。
- 操作系统的定义、目标和功能,操作系统的分类和发展历史。
- 处理器运行模式、特权级、中断、时钟和特权指令。

- 操作系统的各种结构。
- 操作系统的启动和引导。

第 2 次：操作系统服务和系统调用机制。

教学内容：

- 操作系统为用户、进程和其他系统提供的服务。
- 操作系统提供的用户接口。
- 系统调用的概念，系统调用的分类。
- 实例分析——Linux 系统调用实现机制。

第 3 次：进程管理。

教学内容：

- 进程概念，进程的状态与转换。
- 进程控制块，进程如何在内存中呈现。
- 实例分析：Linux 的 PCB。
- 进程操作（控制）。
- 实例分析——Linux 的进程创建 fork 分析。

第 4 次：进程通信和线程管理。

教学内容：

- 进程通信的概念。
- Windows 进程通信机制。
- POSIX 进程通信机制。
- 线程的概念。
- 用户级线程和内核级线程。
- 多线程模型。
- 多线程引发的问题。

第 5 次：CPU 调度。

教学内容：

- CPU 调度的基本概念。
- 调度的基本准则。
- 典型调度算法。
- 实例分析——Linux 的进程调度。

第 6 次：进程同步(1)。

教学内容：

- 进程同步与互斥的基本概念。
- 临界区互斥软件实现方法。
- 临界区互斥硬件实现方法。

第 7 次：进程同步(2)。

教学内容：

- 信号量。

- 信号量解决临界区问题。
- 信号量应用于同步问题。
- 生产者-消费者问题。
- 读者-写者问题。
- 哲学家进餐问题。

第 8 次：进程同步(3)。

教学内容：

- 管道。
- Linux 同步机制。
- Pthread 线程库的同步机制。
- 期中小结及习题分析。
- 期中考试。

第 9 次：死锁。

教学内容：

- 死锁的概念。
- 死锁处理策略。
- 死锁预防。
- 死锁避免。
- 死锁检测和解除。

第 10 次：内存管理基础。

教学内容：

- 内存管理的基本概念。
- 交换与覆盖。
- 连续分配管理方式。
- 分页管理方式。

第 11 次：内存管理和虚拟内存。

教学内容：

- 分段管理方式。
- 段页式管理方式。
- 虚拟内存的基本概念。
- 请求分页管理方式。
- 实例分析——Linux 的缺页中断处理。

第 12 次：虚拟内存。

教学内容：

- 请求分页管理。
- 页面分配策略。
- 抖动及工作集模型。
- 预调页。

第 13 次：文件系统接口。

教学内容：

- 文件系统基础。
- 文件结构。
- 目录。
- 文件共享。
- 文件系统安装。
- 文件保护。

第 14 次：文件系统实现。

教学内容：

- 文件系统实现概述。
- 目录实现技术。
- 文件分配方法。
- 空闲空间管理。
- 实例分析——Linux 的 ext2 文件系统。

第 15 次：大容量存储器结构。

教学内容：

- 大容量存储器结构的分类。
- 磁盘调度。
- 磁盘管理。
- 交换空间管理。
- RAID 结构。

第 16 次：I/O 系统及复习。

教学内容：

- I/O 管理概述。
- I/O 设备概念。
- I/O 设备访问方式。
- I/O 应用接口。
- I/O 内核子系统。

4.4.5　参考教材及相关资料

［1］ Abraham Silberschatz. Operating System Concepts(影印版)［M］. 7th edition. 北京：高等教育出版社,2007.

［2］ 李善平,季江民,尹康凯,等.边干边学：Linux 内核指导［M］.2 版.杭州：浙江大学出版社,2008.

［3］ 陈文智,施青松,龙鹏. 操作系统设计与实现［M］.北京：高等教育出版社,2016.

［4］ William Stalling. Operating Systems：Internals and Design Principles［M］.7th Edition. Upper Saddle River：Prentice Hall,2011.

［5］　Daninel P. Rbvet.深入理解 Linux 内核［M］.陈莉君,张琼声,张宏伟,译.北京：中国电力出版社,2007。

［6］　Randal E.Bryant,David O'Hallaron.深入理解计算机系统［M］. 龚奕利,贺莲,译.北京：机械工业出版社,2011.

4.5　高级数据结构与算法分析

课程名称：高级数据结构与算法分析。
英文名称：Advanced Data Structure & Algorithm Analysis。
学分：4.0。
周学时：周教学课时 3.0;周实验学时 2.0。
面向对象：低年级本科生。
预修课程要求：数据结构基础。

4.5.1　课程介绍

1. 中文简介

本课程的主要任务是在基础数据结构的基础上,深入研究复杂非数值型数据对象的定义、表达及其有关算法。课程内容包括两部分：一部分是高级数据结构,包括用于查找的二叉搜索树的各种变形、倒排索引表、优先队列的各种优化结构、相应的算法复杂度摊还分析;另一部分是经典算法的深入学习,包括分治法、动态规划法、贪心法、回溯法,以及近似算法、局部搜索法、随机算法等;随后介绍并行算法以及外部排序。通过本课程的学习,应使学生掌握解决复杂问题的程序设计技巧和性能方面的理论分析,学习用数学方法严格论证算法效率,从而培养高级程序设计分析能力,为掌握其他专业知识、进一步学习计算机科学理论打下坚实基础。

2. 英文简介

This course is based on the fundamentals of data structures. It continues to investigate the definitions, implementations, and algorithms related to non-numerical data objects. The content of this course consists of two parts: the first part is for advanced data structures, such as the variations of binary search trees and the inverted file index for searching big data sets, and various optimizations of the priority queues and the amortized analysis; the second part is for classical algorithms, such as divide and conquer, dynamic programming, greedy, back tracking, together with approximation methods, local search, and randomized algorithms. Parallel algorithms and external sorting will be introduced as well. Students are supposed to learn how to solve complicated problems with advanced programming skills, and how to give the performance a mathematical analysis, and hence build a firm foundation for studying further theories in computer science.

4.5.2 教学目标

1. 课程定位及学习目标

本课程是计算机科学研究的重要理论基础,它所讨论的知识内容和研究方法,对进一步学习计算机科学方向的其他课程,具有基础作用。所以一般建议在计算机科学模块其他课程之前修读本课程。因为其内容是基础数据结构知识的深化,所以应该在数据结构基础之后修读。其与核心课程计算机组成可以并行修读。

本课程的主要任务是深入研究复杂非数值型数据对象的定义、表达及其有关算法。通过本课程的学习,应使学生掌握解决复杂问题的程序设计技巧和性能方面的理论分析,学习用数学方法严格论证算法效率,从而培养高级程序设计分析能力,为掌握其他专业知识、进一步学习计算机科学理论打下坚实基础。

2. 可测量结果

(1)掌握对算法的空间复杂度和时间复杂度进行理论分析的严密的数学方法。

(2)掌握用于查找的二叉排序树的各种变形(平衡二叉树、伸展树、B-树、红黑树)以及倒排索引表的数据结构的表达。

(3)掌握优先队列的各种优化结构(左式堆、斜堆和二项队列)的数据结构的表达。

(4)掌握经典算法(分治法、动态规划法、贪心法、回溯法、近似算法、局部搜索法、随机算法)的实现和分析,并具有将现实世界的问题规划之后进行算法选择与进行理论分析的能力。

(5)了解用于处理大规模数据的并行算法以及外部排序算法。

(6)具有团队合作能力,初步体验软件工程基本环节,主要包括编程、测试和文档。

4.5.3 课程要求

1. 授课方式与课程要求

授课方式:①教师讲授(讲授核心内容、总结、按顺序提示今后内容、答疑等);②期末考试;③课程实验。

课程要求:熟悉基本知识、培养思维和表达能力及合作精神、提高中外文计算机科学文献的阅读能力。

2. 考试评分与建议

课程作业占 40%,期中考试占 10%,期末考试占 40%,出勤考查占 10%。

4.5.4 教学安排

第 1 次:平衡二叉树、伸展树和摊还分析。

教学内容:

- 平衡二叉树的定义及旋转操作。
- 平衡二叉树的时间复杂度分析。
- 伸展树的定义及旋转操作。
- 摊还分析法。

第 2 次：B 树和红黑树。

教学内容：

- B 树的定义及插入、删除操作。
- B 树的算法复杂度分析。
- 红黑树的定义及插入、删除操作。
- 红黑树的算法复杂度分析。

第 3 次：倒排文件索引表。

教学内容：

- 超大规模数据检索问题。
- 倒排文件索引表的数据结构。
- 排序树、哈希映射的应用。
- 不同超大规模数据存储和检索方案。

第 4 次：左式堆和斜堆。

教学内容：

- 左式堆的定义和基本操作。
- 斜堆的定义和基本操作。
- 对斜堆算法进行摊还分析。

第 5 次：二项队列。

教学内容：

- 二项队列的定义。
- 二项队列的合并操作。
- 二项队列的实现方法。
- 对二项队列算法进行摊还分析。

第 6 次：分治法。

教学内容：

- 递归树。
- 主定理及其证明。
- 分治法分析实例。

第 7 次：动态规划。

教学内容：

- 动态规划原理。
- LaTex 编辑问题。
- 背包问题。
- 最优二叉排序树问题。

第 8 次：NP 问题。

教学内容：

- 图灵机的概念。
- NP 问题概述。
- NP-困难问题的多项式规约。
- Max Clique 规约。
- Vertex Cover 归约。

第 9 次：期中考试及贪心算法。

教学内容：

- 期中考试。
- 贪心算法的原理。
- 不同贪心策略对结果的影响。
- 哈夫曼编码问题。
- 贪心算法分析。

第 10 次：近似算法。

教学内容：

- 装箱问题的贪心近似算法。
- 通过背包问题的近似算法。
- 多项式近似方案。
- K-center 问题。

第 11 次：回溯法。

教学内容：

- 回溯法的基本原理。
- 八皇后问题。
- Turnpike reconstruction 问题。

第 12 次：局部搜索。

教学内容：

- 局部搜索算法的应用。
- Max-cut 问题。
- Multicast routing 问题。

第 13 次：随机算法。

教学内容：

- 随机算法的基本要素。
- 随机算法的分析方法。
- Online Hiring。
- 随机快速排序算法。

第 14 次：外部排序。

教学内容：

- 外部排序介绍。
- 外部排序基本框架。
- 外部排序的优化。

第 15 次：并行算法。

教学内容：

- 并行算法的基本概念。
- 并行算法模型。
- Prefix、Merging 和 Maximum 的并行算法。

第 16 次：复习。

4.5.5 参考教材及相关资料

[1] Thomas H. Cormen，Charles E. Leiserson，Ronald L. Rivest，et al. Introduction to Algorithms[M].3th Edition.Cambridge：The MIT Press，2009.

[2] M A Weiss. Data Structure and Algorithm Analysis in C[M].2 版.陈越，改编. 北京：人民邮电出版社，2005.

[3] Jon Kleinberg，Eva Tardos．Algorithm Design［M］．Boston：Addison Wesley，2005.

[4] 何钦铭，冯雁，陈越.数据结构课程设计[M].杭州：浙江大学出版社，2007.

[5] 陈越，何钦铭，徐镜春，等.数据结构学习与实验指导[M].北京：高等教育出版社，2013.

[6] 魏宝刚，陈越，王申康.数据结构与算法分析(C 语言版)[M].杭州：浙江大学出版社，2004.

4.6 计算机组成

课程名称：计算机组成。

英文名称：Computer Organization。

学分：4.5。

周学时：周教学课时 3.5；周实验学时 2.0。

面向对象：低年级本科生。

预修课程要求：具有一般的电路知识和较好的数字逻辑设计基础，基本掌握 Verilog HDL 硬件描述语言，熟练掌握 C 语言。

4.6.1 课程介绍

1. 中文简介

本课程的主要目的是系统地介绍计算机组成，重点分析计算机组成部件的工作原理，软件与硬件接口的概念和设计实现技术。通过 CPU 分析设计使学生深入理解计算机系统、深入理解硬件支持和软件运行的过程,掌握计算机系统解题的思维过程。课程强调从程序员优化视角俯视所需要的软件与硬件界面及现代计算机组成结构,包括计算机组成基本概念,机器语言,汇编语言,算术逻辑运算函数与部件分析设计,处理器组成原理与分析设计,存储层次结构组成原理与分析,I/O 接口与外部设备组成原理,总线,轮询、中断和 DMA 三种基本接口交互方式等。

2. 英文简介

The main purpose of this course is a systematic study of computer organization. The emphasis is the analysis of the operating principles of the computer components and the concepts, design and implementation technology of the software and hardware interface. Through the analysis and design of CPU to make the students deep understand the computer system and the process how hardware support software's execution. And the students can also master how to solve the problems of computer systems. This course emphasizes on the required software/hardware interfaces and the modern computer organization from the perspective of the programmers and optimization including the introduction to computer organization, machine language, assembly language, analysis and design of arithmetic/logic operation functions and units, principles of computer organization, design and implementation of computer system, principles of memory structure, principles of I/O interfaces and peripheral devices, the bus, the basic interactive modes of polling/interrupt/DMA, etc.

4.6.2　教学目标

1. 课程定位及学习目标

本课程是计算机科学与技术专业、软件工程专业的主要专业基础课,也是计算机科学与技术及软件工程专业本科学生的专业必修课。此课程既是理论要求较高的专业核心硬件课程,又是软硬交接实践性很强的专业基础课程。课程所讨论的知识内容和提倡的思维模式,无论是深入理解计算机系统,进一步学习计算机领域的其他课程,还是充分利用计算机系统资源优化程序设计都有重要的作用。

本课程的主要任务是通过现代处理器和存储层次结构分析,设计让学生深入理解计算机硬件组成、指令系统、存储层次结构、CPU 工作原理和 I/O 接口原理,同时与计算机组成实验紧密结合,通过 CPU 实现及简单应用进一步提高学生的实践动手能力,以及用 CPU(计算机)思维实现数字系统解决实际问题的能力,为后继计算机体系结构、操作系统和编译原理课程提供计算机硬件基础,也为计算机硬件系统综合实现、操作系统及计算机系统综合实现提供合格的 CPU。

2. 可测量结果

(1) 掌握从算法语言到机器语言的流程及硬件支持机器语言执行的控制过程。

（2）掌握算术逻辑函数的逻辑模块分析、设计和实现能力。

（3）掌握特定指令集数据通路和控制器的分析和设计能力。

（4）掌握处理器分析、选择和测试能力。

（5）掌握存储器层次结构分析和主存储组织（存储器 IP）的应用能力。

（6）掌握基本 I/O 与外部设备传输、交互的分析能力和轮询、中断等的简单应用能力。

（7）具有团队合作能力，初步体验软硬件协同的设计环节和工程管理方法，主要包括计算机组成部件和 CPU 设计、汇编程序设计、模块与 CPU 测试、简单 I/O 设计及技术文档等。

注：以上结果可以通过课程作业、课程实验、综合性课程设计、实验考试及笔试等环节测量。

4.6.3   课程要求

1. 授课方式与课程要求

授课方式：①教师讲授（讲授核心内容、总结、按顺序提示今后内容、答疑等）；②期中考试；③期末考试；④期末报告。

课程要求：掌握计算机组成的基本概念，深入理解从算法语言到机器语言的流程及硬件运行机器语言的过程，培养计算机（程序）解题思维和表达能力，初步具备根据应用需求来设计或选择合适的处理器的能力，培养合作精神，提高中外文计算机科学文献的阅读能力。

2. 考试评分与建议

课程作业占 10%，期中考试占 10%，期末考试占 30%，课程实验占 10%，期末报告占 40%。

4.6.4   教学安排

第 1 次：现代计算机组成与技术概述、指令——机器的语言(1)。

教学内容：

- 介绍计算机组成结构和技术发展。
- 结合图灵机的物理意义阐述计算机系统组成技术的发展。
- 现代计算机系统主要组成部件和相关技术。
- 软硬件界面（虚拟机层次结构）的概念。
- 算法语言到机器语言的层次翻译。
- 计算机系统的物理结构。
- 介绍寄存器传输控制指令的物理意义。
- 指令的编码与格式。
- 操作码/操作数的概念。

- 操作数的种类和寻址。

实验 1：多路选择器和 CPU 辅助模块设计。

第 2 次：指令——机器的语言(2)。

教学内容：

- 介绍指令中各种操作数的类型。
- 指令在计算机中的表示(格式)。
- 计算机的硬件操作包括逻辑操作指令和分支操作指令。

实验 2：七段显示部件(设备)扩展设计。

第 3 次：指令——机器的语言(3)。

教学内容：

- 过程调用操作。
- 人机交互操作。
- 32 位立即数寻址操作。

实验 3：建立计算机系统分解和实验测试环境。

第 4 次：指令——机器的语言(4)。

教学内容：

- MIPS 汇编程序的设计。
- ARM 和 x86 指令集体系结构。
- 计算机系统程序的编译、汇编、连接(Link)和启动运行过程。

综合性课程设计(1)：MIPS 汇编器设计。

第 5 次：计算机的算术运算及 ALU 部件。

教学内容：

- 计算机中数值的表示。
- 信息的编码方法并扩展 32 位表示。
- 整数的四则运算算法分析。
- 32 位整数算术与逻辑运算部件(ALU)设计。

实验 4：ALU 及 Register Files 模块设计与实现。

第 6 次：整数乘除法与浮点数及其运算。

教学内容：

- 整数乘法和除法。
- 带符号的 Booth's 乘法算法。
- 浮点格式及 IEEE 754 浮点标准和浮点运算。

实验 5：设计 32 位乘/除法协处理运算器。

第 7 次：处理器设计——数据通路。

教学内容：

- 寄存器传输控制设计数字系统。
- 可编程数字系统设计方法。
- 分析设计 Register Files，取指，R、I、J 型指令的数据通路(Datapath)结构。

综合性课程设计(2):单周期 CPU 设计实现(4 周)。

第 8 次:处理器设计——单周期控制器实现。

教学内容:

- 指令的简单控制器设计。
- 控制器设计思想和分层结构。
- 逻辑电路的事件特征化简方法。
- 简化时钟内的组合逻辑设计。

第 9 次:期中考试、处理器设计——多周期 DataPath。

教学内容:

- 期中考试。
- 指令的多周期分解。
- 指令的微操作。
- 多周期 DataPath 结构。
- 三类指令格式的信号流程。
- 两种多周期控制器实现方法。

第 10 次:处理器设计——多周期控制器(有限状态机)设计。

教学内容:

- 指令共性的状态机结构。
- 状态机的状态图。

综合性课程设计(3):多周期 CPU 设计实现(4 周)。

第 11 次:中断和微程序控制器。

教学内容:

- CPU 中断的概念。
- MIPS 中断的设计分析。
- 微操作与微程序设计思想。
- 微指令设计。
- 微指令格式。
- 微指令编码。
- 微程序控制设计。

实验 6:中断及应用实现。

第 12 次:存储器层次结构(1)。

教学内容:

- Cache 层次结构的基本概念、算法和策略。
- 主存储器结构。
- 存储器结构与 Cache 块的关系。

第 13 次:存储器层次结构(2)。

教学内容:

- Cache 层次结构。

- Cache 层次结构的访问过程。
- Cache 性能基本改进思想。
- 虚拟存储原理。
- 映射的基本策略。
- 页表、缺页的响应过程。

综合性课程设计 4：基本 I/O 接口设计与实现。

第 14 次：I/O 系统(1)。

教学内容：

- I/O 系统的基本概念。
- 设备与接口原理。
- I/O 空间、端口地址与译码。
- 外存储器与 RAID 原理。
- 总线及 CPU 与外部存储器设备互连。
- 总线类型、传输过程、同步和仲裁等概念。

第 15 次：I/O 系统(2)。

教学内容：

- I/O 设备与处理器接口。
- I/O 设备接口的轮询、中断和 DMA 的原理。
- I/O 设备通信接口过程和基本性能。

第 16 次：复习。

教学内容：

- 分析习题和点评综合性课程设计(1)～(3)的完成情况。
- 讨论综合性课程设计(4)及给出前 15 次课的内容总复习。

4.6.5　参考教材及相关资料

[1]　David A. Patterson, John L. Hennessy. Computer Organization and Design：The Hardware/Software Interface [M]. 郑纬民,译.北京：机械工业出版社,2005.

[2]　施青松. 计算机组成设计与实践[M]. 北京：清华大学出版社,2006.

[3]　Roger Penrose.皇帝新脑——有关电脑、人脑及物理定律[M].许明贤,吴忠超,译. 长沙：湖南科技出版社,1995.

4.7　密码学

课程名称：密码学。

英文名称：Cryptology。

学分：2.5。

周学时：周教学课时 2.0；周实验学时 1.0。

面向对象：低年级本科生。

预修课程要求：C 程序设计基础、信息安全原理与数学基础。

4.7.1 课程介绍

1. 中文简介

本课程是一门面向计算机科学与技术和软件工程专业高年级本科生开设的专业选修课，这既是一门理论课，也是一门实践性较强的课程。教学目标在于使学生较全面地学习有关密码学的基础理论和实用技术，掌握密码学的基本概念、序列密码、分组密码、Hash 函数和公钥密码的基本原理和安全性，知道密码破译的基本方法，培养能够综合运用密码编码学的基本知识的能力。教学任务是使学生打下良好的密码学理论基础，掌握密码编码学的基本原理、主要技术以及应用能力。

2. 英文简介

This course is a specialized elective course for senior undergraduates majoring in computer and software engineering, which is both theoretical and practical. The teaching goal is to enable students to comprehensively learn the basic theories and practical techniques of cryptography, master the basic concepts of cryptography, and the basic principles and security of sequence ciphers, block ciphers, hash functions and public key ciphers, know the basic methods of cryptanalysis and develop the ability to comprehensively use the basic knowledge of cryptography. The teaching task is to enable students to lay a good theoretical foundation for cryptography and master the basic principles, main techniques and application abilities of cryptography.

4.7.2 教学目标

1. 课程定位及学习目标

该课程帮助学生从 5 个方面掌握密码学的基本原理和主要技术。

（1）密码学的基本概念。介绍密码学的发展历史、密码学的基本概念、密码编码学的基本原理和相关的数学基础。

（2）对称密码技术（Symmetric-key cryptography）。序列密码和分组密码的基本编码原理和方法，典型的序列密码（RC4）和分组密码（DES、3DES 和 AES）的基本算法和安全性分析。

（3）非对称密码技术（Public-key cryptography）。非对称密码的数学基础知识及编码技术，典型的非对称密码算法 RSA 和 ECC 的基本算法和安全性分析，并介绍这些算法在现行密码系统中的应用。

（4）Hash 函数（Hash function）技术。介绍 Hash 函数的基本编码技术和典型的Hash 函数（SHA 系列和 HMAC）的基本算法和安全性分析，并介绍这些算法在现行密码系统中的应用。

（5）数字签名和认证技术。介绍数字签名和认证技术的基本原理，以及这些技术在现行密码系统中的应用。

2. 可测量结果

(1) 能够使用密码技术解决一些基础的安全问题,会使用对应的密码学基本知识与现行的网络和通信系统。

(2) 掌握序列密码算法的基本知识,会计算线性移位寄存器的线性递推式、连接多项式和生成的序列。

(3) 掌握分组密码设计的基本原理,能够证明 AES、DES 等算法的正确性和安全性。

(4) 掌握非对称密码的设计的基本原理,能够根据明文计算 RSA 和 ECC 算法对应的密文。

(5) 综合运用密码技术设计安全的密码系统解决现实生活中的各种安全问题。

注:以上结果可以通过课堂讨论、课程作业、考试以及期末实验报告等环节测量。

4.7.3　课程要求

1. 授课方式与课程要求

授课方式:①教师讲授(讲授核心内容、总结、按顺序提示今后内容、答疑等);②课后阅读(按照课程内容顺序阅读课堂推荐书目及参考文献);③期末考试;④期末报告。

课程要求:要求学生掌握程序设计基础、计算机网络和离散数学的基础知识,包括计算机网络的体系架构、路由协议、无线网络的基本通信原理的概念等。学生也可以不必正式学过这些专业课程,可以是通过自学等方式了解上述概念即可参与本课程的学习。

2. 考试评分与建议

课程作业占 10%,期末考试占 60%,出勤考查占 10%,期末报告占 20%。

4.7.4　教学安排

第 1 次:密码学的概念(1)。

教学内容:

- 古典密码分析。
- 密码体制。

第 2 次:密码学的概念(2)。

教学内容:密码安全性定义。

第 3 次:分组密码(1)。

教学内容:

- 分组密码的概念。
- DES。
- AES。

第 4 次:分组密码(2)。

教学内容：

- 分组密码的工作模式。
- 分组密码算法的实现(上机)。

第 5 次：流密码(1)。

教学内容：

- 流密码的概念。
- 线性移位寄存器序列。
- 非线性序列。

第 6 次：流密码(2)。

教学内容：伪随机序列评价典型流密码。

第 7 次：Hash 函数。

教学内容：

- Hash 函数的概念。
- SHA 系列算法：SHA-1、SHA-2 和 SHA-3。
- HMAC。

第 8 次：公钥密码(1)。

教学内容：

- 公钥密码的概念。
- RSA 密码。

第 9 次：公钥密码(2)。

教学内容：

- ElGamal 密码。
- 椭圆曲线密码。

第 10 次：公钥密码(3)。

教学内容：公钥密码算法的实现(上机)。

第 11 次：数字签名。

教学内容：

- 数字签名的概念。
- RSA 密码数字签名。
- ElGamal 密码数字签名。
- 椭圆曲线密码数字签名。
- 盲签名。

第 12 次：认证技术(1)。

教学内容：

- 认证的概念。
- 身份认证。
- 站点认证。

第 13 次：认证技术(2)。

教学内容：
- 报文认证。
- 密码协议的概念。
- 密码协议的安全性。

第 14 次：密钥管理(1)。

教学内容：
- 密钥管理的概念。
- 对称密码的密钥管理。
- 公钥密码的密钥管理。

第 15 次：密钥管理(2)

教学内容：
- 公钥基础设施 PKI。
- 组合公钥 CPK。

第 16 次：密码应用与实践。

教学内容：
- 计算机文件加密。
- 通信加密。
- 电子商务应用。
- 数据库加解密。
- 密码系统设计与实现。

3.7.5 参考教材及相关资料

[1] Katz J,Lindell Y. Introduction to Modern Cryptography[M].London：CRC Press,2014.

[2] 施奈尔.应用密码学：协议、算法与 C 源程序[M].吴世忠,译.北京,机械工业出版社,2000.

[3] Stinson D.密码学原理与实践[M].斯廷森,冯登国,译.北京：电子工业出版社,2009.

4.8 数据安全与隐私保护

课程名称：数据安全与隐私保护。

英文名称：Data Security and Privacy Protection。

学分：2.0

周学时：0.0～2.0。

面向对象：高年级本科生(建议三年级)。

预修课程要求：数学类、计算机类或信息安全专业基础课程、数据库类基础课程、编程类基础课程。

4.8.1　课程介绍

1. 中文简介

本课程中介绍用于释放有用信息的信息安全技术,使得数据中包含的任何个人或实体的身份信息,在数据保持实际有用时无法被识别。首先,以差分隐私等为例,展示了从公开信息中学习实体信息的多种方法;然后,将学习多种隐私保护机制的保护原理与有效性分析方法与结果。

2. 英文简介

The course introduces the security techniques that facilitate information sharing by preserving the identifiable information within the sensitive data while enabling meaningful data mining over them. The well-known privacy-preserving frameworks, i. e., differential privacy etc., are presented. After that, the privacy and utility of various privacy preserving mechanisms are studied.

4.8.2　教学目标

1. 学习目标

通过本课程的学习使学生掌握数据隐私保护的原理。了解数据的收集和使用过程中隐私漏洞与隐私保护的方法。

2. 可测量结果

(1) 掌握数据隐私的原理;了解数据收集与使用过程中的隐私漏洞。
(2) 熟悉一些数据隐私保护的方法。

4.8.3　课程要求

1. 授课方式与课程要求

授课方式:①教师讲授(讲授核心内容、总结、按顺序提示今后内容、答疑等);②课后阅读(按照课程内容顺序阅读课堂推荐书目及参考文献);③期末考试。

课程要求:要求学生掌握数据隐私的原理,了解数据收集与使用过程中隐私漏洞,熟悉一些数据隐私保护的方法。

2. 考试评分与建议

课程作业占 50%,期末考试占 40%,出勤考查占 10%。

4.8.4　教学安排

第 1 次:数据隐私保护概论。

教学内容：数据隐私保护介绍。

第 2 次：数据爆炸。

教学内容：

- 大存储容量的廉价计算机的可用性。
- 广泛分发收集信息。
- 现实世界的数据共享实践和策略。
- 计算隐私和风险测量。

第 3 次：人口统计学和独特性。

教学内容：

- 人口统计学相关数据。
- 结合个体独特或几乎独特。
- 推论的基础。

第 4 次：数据链接。

教学内容：

- 数据链接的影响。
- 信息关联。
- 抽取概率推论。
- 重新识别。

第 5 次：数据分析。

教学内容：

- 重新识别的实验。
- 模式匹配。

第 6 次：数据隐私攻击。

教学内容：统计界和计算机安全领域的相关工作概述。

第 7 次：隐私保护模式。

教学内容：

- 隐私保护模式框架。
- 推理公开控制。
- 推断数据。
- 正式保护模型。

第 8 次：数据分隔保护(1)。

教学内容：MinGen。

第 9 次：数据分隔保护(2)。

教学内容：Datafly。

第 10 次：数据分隔保护(3)。

教学内容：Mu-Argus。

第 11 次：数据分隔保护(4)。

教学内容：

- K-度匿名隐私保护方法。
- 敏感属性泄露问题分析。
- 多维感数据的发布。
- 信息损失分析。

第 12 次：数据分隔保护(5)。

教学内容：

- 差分隐私基本概念。
- 差分隐私的组合原理。
- 拉普拉斯机制和指数机制。
- 差分隐私的应用。

第 13 次：数据分隔保护(6)。

教学内容：

- 本地差分隐私定义。
- 中心化差分隐私定义。
- 本地化与中心化差分隐私的异同点。

第 14 次：文本数据隐私保护。

教学内容：Scrub。

第 15 次：隐私技术与实践。

教学内容：

- 医疗隐私立法,政策和最佳实践的讨论。
- 社会环境的限制。

第 16 次：复习。

4.8.5　参考教材及相关资料

Li N, Lyu M, Su D, et al. Differential Privacy：From Theory to Practice[J]. Synthesis Lectures on Information Security,Privacy,and Trust,2016,8(4):1-138.

4.9　计算机网络

课程名称：计算机网络。

英文名称：Computer Networks。

学分：4.5

周学时：周教学课时 3.0；周实验学时 3.0。

面向对象：高年级本科生。

预修课程要求：具有编程基础,最好是熟练掌握 C 语言；学习了数据结构、计算机组成、操作系统、汇编语言程序设计基础等课程；能够用高级程序设计语言和汇编语言进行程序设计；掌握计算机硬件工作原理,对 CPU、存储器、I/O 系统和中断等有全面的了解。

4.9.1 课程介绍

1. 中文简介

本课程的主要任务是研究计算机网络相关的基本理论及专业基础知识。本课程从网络体系结构的角度介绍计算机网络的组成原理,以及在数据传输、网络互连和高层协议等方面的主要概念及方法;介绍网络体系中的一些重要功能及相关协议。通过学习,使学生掌握计算机网络的基本理论及专业基础知识,熟悉网络系统(特别是 TCP/IP)的体系结构、工作原理及多种网络协议,全面理解各种常见的网络技术。

2. 英文简介

The main task of this course is to study the basic theory and professional knowledge related to computer networks. From the perspective of network architecture, network principles and related fundamental concepts and methods in digital communication, internetworking and advanced protocols are introduced in this course. Some significant functions and relative protocols in network architecture together with recent developments of network and their technologies are also introduced. Students can get familiar with fundamental computer network principles and basic knowledge of the field through the course learning. And a thorough understanding of commonly used network and network security technology can be obtained with intimate knowledge of network architecture, functional principles and various of network protocols (especially that of TCP/IP).

4.9.2 教学目标

1. 课程定位及学习目标

本课程是计算机领域的重要技术基础课程,它所讨论的相关概念与技术内容,无论对学生今后从事计算及相关技术基础研究,还是从事计算机工程与应用领域的研究与开发,都有重要的作用。通过本课程的学习,要求学生理解计算机网络在计算机系统中的作用、地位和特点,熟练掌握和运用计算机网络相关的概念、协议、算法和服务手段等。

通过对网络参考模型的介绍,了解计算机网络的层次结构、协议与服务。

通过对网络各层次相关算法、协议、服务的介绍,了解计算机网络的体系结构、技术路线和最新技术发展方向。

通过完成计算机网络的实验环节,使学生掌握分析与设计计算机网络相关的工作原理与技术。

通过外文教材的讲授和学习,使学生在专业英语资料的阅读和理解上达到应有的水平。

2. 可测量结果

(1) 掌握计算机网络的两种参考模型及各自的优缺点,了解计算机网络的发展趋势和前沿技术。

(2) 掌握各层次协议、接口和服务等概念。

(3) 掌握网络的硬件组成形式、介质访问子层和各种帧结构,以及网桥、VLAN 等技术原理。

(4) 掌握网络路由算法及主要网络层协议、服务质量、互联网结构与使用。

(5) 掌握网络 TCP/IP 体系结构,学会使用 Socket 进行网络编程。

(6) 掌握主要网络应用相关的协议、算法及发展趋势。

(7) 具有较强的团队合作能力,完成各个环节的网络实验及课堂讨论。

注:以上结果可以通过课程作业、课后作业、实验、综合性课堂讨论以及笔试等环节测量。

4.9.3　课程要求

1. 授课方式与课程要求

授课方式:①教师讲授(讲授核心内容、总结、按顺序提示今后内容、答疑等);②课后阅读(按照课程内容顺序阅读课堂推荐书目及参考文献);③期末考试;④课程实验。

课程要求:掌握计算机网络的基本理论和专业基础知识,熟悉网络系统(特别是TCP/IP 和 Internet)的体系结构、工作原理及多种网络协议,全面地理解各种常见的网络技术及网络安全基础知识。提高中外文计算机科学文献的阅读能力。

2. 考试评分与建议

课程作业占 20%,期末考试占 45%,课程实验占 25%,出勤考查占 10%。

4.9.4　教学安排

第 1 次:概述与实验工具。

教学内容:

- 网络的使用。
- 网络硬件。
- 网络软件。
- 网络参考模型。
- 网络实例。
- 网络实验工具介绍。

实验 1:网络命令的使用。

第 2 次:网络标准化和物理层(1)。

教学内容:

- 网络标准化现状。
- 网络常用度量单位。
- 数据通信理论基础。
- 有线传输介质。
- 无线传输。
- 卫星通信。

实验 2：网络协议分析。

第 3 次：物理层(2)

教学内容：

- 数据调制与多路复用。
- 公共交换电话网络。
- 移动电话网络。
- 有线电视。

第 4 次：数据链路层(1)。

教学内容：

- 数据链路层设计问题。
- 检错与纠错。
- 基本数据链路协议。
- 滑动窗口协议。

实验 3：自定义 MAC 帧收发。

第 5 次：数据链路层(2)。

教学内容：

- 滑动窗口协议。
- 数据链路层协议介绍。

实验 4：实现一个滑动窗口协议。

第 6 次：介质访问子层(1)。

教学内容：

- 信道分配问题。
- 多路访问协议。
- 以太网。

实验 5：用模拟交换机组建 LAN。

第 7 次：介质访问子层(2)。

教学内容：

- 无线局域网。
- 宽带无线网。
- 蓝牙技术。
- RFID。
- 数据链路层交换。

实验 6：网络设备基本操作及交换机的配置。

第 8 次：网络层(1)。

教学内容：

- 网络层设计问题。
- 路由算法。
- 拥塞控制。
- 服务质量。

实验 7：多交换机互连配置。

第 9 次：网络层(2)。

教学内容：

- 网络互连。
- 因特网络中的网络层。

实验 8：路由器基本配置。

第 10 次：传输层(1)。

教学内容：

- 传输服务。
- 传输协议的要素。
- 拥塞控制。
- 传输层协议：UDP。

实验 9：三层交换机配置。

第 11 次：传输层(2)。

教学内容：

- 传输层协议：TCP。
- 网络性能问题讨论。

实验 10：RIP 动态路由协议配置。

第 12 次：应用层(1)。

教学内容：

- 域名系统 DNS。
- E-mail 系统。
- World Wide Web。

实验 11：OSPF 动态路由协议配置。

第 13 次：应用层(2)。

教学内容：

- World Wide Web。
- IP 语音与视频。
- 内容分发。

实验 12：Socket 接口编程。

第 14 次：网络安全(1)。

教学内容:

- 加密技术。
- 对称密钥算法。
- 公开密钥算法。
- 数字签名。
- 密钥管理。

实验 13:配置路由器的 DHCP 服务(原工程实验 8)。

第 15 次:网络安全(2)。

教学内容:

- 通信安全。
- 鉴别协议。
- E-mail 隐私。
- Web 安全。

第 16 次:课堂讨论。

教学内容:

- 网络发展技术讨论。
- 复习和习题分析。

4.9.5　参考教材及相关资料

[1]　Tannenbaum A S. Computer Networks[M]. Pearson Education India,2002.

[2]　谢希仁. 计算机网络[M]. 5 版. 北京:电子工业出版社,2008.

[3]　Cisco Academy Program. CCNA 3 and 4 Companion Guide[M].3rd Edition. CiscoPress,2003.

4.10　网络安全原理与实践

课程名称:网络安全原理与实践。

英文名称:Network Security Theory and Practice。

学分:2.5。

周学时:周教学课时 2.0;周实验学时 1.0。

面向对象:高年级本科生。

预修课程要求:操作系统、计算机网络。

4.10.1　课程介绍

1. 中文简介

本课程是一门面向信息安全专业高年级本科生开设的专业必修课,以及计算机科学与技术、软件工程等专业高年级学生开设的专业选修课。这既是一门理论性课程,更是一门实践性极强的课程。教学目标是使学生较全面地学习有关网络安全的基础理论和实用技术,掌握网络系统安全防护的基本方法,培养网络安全防护意识,增强网络系统安全保障能力。教学任务是使学生打下良好的网络安全理论基础,掌握网络安全的基本原理、主要技术以及解决方案,培养学生对网络安全的分析与设计的能力。

2. 英文简介

This course aims to help students understand and practice network attack and defense strategies. As the saying from security research community goes, if you want to secure a system, hack it first. Such a principle drives the development of course content. Each defense strategy is well motivated by example attacks that might take place if it were not enforced. Topics to be covered include cryptography, cryptanalysis, blockchain, secure connection, secure routing and forwarding, anonymous communication, Wi-Fi security, and zero-knowledge proof. An eight-week group project is also required to help students practice these security techniques. Through integrating both theory and practice, students are expected to grasp the essence of network security as well as train their security mindset.

4.10.2　教学目标

1. 课程定位及学习目标

本课程帮助学生从 3 个方面掌握网络安全的基本原理、主要技术以及解决方案。

(1) 网络安全体系结构。介绍网络安全的研究体系、研究网络安全的意义、评价网络安全的标准,以及网络安全协议、技术等。

(2) 网络安全技术。根据应用需求和安全策略,综合理解和实践传统及新兴网络安全技术。

(3) 网络安全工程。用系统工程的方法贯穿网络安全设计、开发、部署、运行、管理和评估。

2. 可测量结果

通过课程的学习,学生能够掌握以下内容。

(1) 能够设计一个中小型网络的安全体系,包括部署恰当的网络安全协议、选择合适的网络安全设备。

(2) 了解常见网络安全协议的特点及其缺陷,知道如何增强现有系统和网络协议的安全性。

(3) 对网络安全的热点问题,如安全路由、WiFi 安全、区块链安全等安全机制有一定了解,能够合理地设置这些网络的安全,提升网络的整体安全性。

(4) 了解互联网应用的安全技术,常见的安全缺陷,懂得通过程序设计等方法提高程序的安全性、对抗攻击的能力。

4.10.3　课程要求

1. 授课方式与课程要求

授课方式：①教师讲授（讲授核心内容、总结、按顺序提示今后内容、答疑等）；②课后阅读（按照课程内容顺序阅读课堂推荐书目及参考文献）；③期中考试；④期末考试。

课程要求：要求学生掌握操作系统及计算机网络的基础知识，包括内存管理、系统调用、进程切换以及内核空间和用户空间的概念等。学生也可以不必正式预修过这些专业课程，可以是通过自学等方式了解上述概念即可参与本课程的学习。

2. 考试评分与建议

课程作业占 10%，期末考试占 50%，课程实验占 40%。

4.10.4　教学安排

第 1 次：网络攻击基本原理。

教学内容：

- 网络攻击的步骤。
- 信息收集。
- 权限获取。
- 安装后门。
- 扩大影响。
- 消除痕迹。

第 2 次：网络防护基本原理。

教学内容：

- APPDRR 动态安全模型。
- 风险评估。
- 安全策略。
- 系统防护。
- 动态检测。
- 实时响应。
- 灾难恢复。

第 3 次：网络安全实验环境。

教学内容：

- 网络安全虚拟化实验环境。
- 常用虚拟化软件介绍。
- 网络安全实验环境构成。
- 虚拟操作系统的安装与配置。

第 4 次：信息收集。

教学内容：

- 信息收集及防范技术。
- 信息收集技术。
- 主机在线扫描探测。
- 对主机操作系统类型和端口的探测。
- X-Scan 通用漏洞扫描。

第 5 次：口令攻击。

教学内容：

- 口令攻击技术。
- Windows 系统下的口令存储。
- Linux 系统下的口令存储。
- 口令攻击的常用方法。
- Windows 系统环境下的口令破解。
- 使用彩虹表进行口令破解。
- Linux 系统环境下的口令破解。
- 远程服务器的口令破解。

第 6 次：网络安全协议。

教学内容：

- 网络安全协议概述。
- HTTPS、SSL、TLS 的原理,安全威胁和防御。
- 网络匿名化：Tor。
- 其他安全协议：IPSec、SSH 和 PGP。

第 7 次：Web 攻防。

教学内容：

- 浏览器安全架构。
- Content Security Policy(内容安全策略)。
- Web 恶意软件。
- XSS 跨站脚本攻击。
- SQL 注入攻击原理。
- 文件上传漏洞攻击。
- 跨站请求伪造攻击实验。

第 8 次：入侵检测与假消息攻击。

教学内容：

- 常用防火墙技术及分类。
- 入侵检测技术。
- 假消息攻击原理。
- ARP 欺骗。
- DNS 欺骗。

- HTTP 中间人攻击。

4.10.5　参考教材及相关资料

［1］　Wang J.Computer Network Security：Theory and Practice［M］. New York：Springer Publishing Company，Inc.，2009.

［2］　The DROWN Attack. Computer Network Security［EB/OL］. ［2018-12-10］. https：//drownattack.com/.

［3］　CS155：Computer and Network Security［EB/OL］. ［2018-10-9］. https：//cs155.stanford.edu/syllabus.html.

［4］　Network Security Labs［EB/OL］. ［2018-9-7］. https：//seedsecuritylabs.org/Labs_16.04/Networking/.

［5］　CSE 508：Network Security［EB/OL］. ［2019-11-4］. https：//www. longlu.org/teaching/cse508/.

4.11　编译原理

课程名称：编译原理。

英文名称：Compiler Principle。

学分：4.0。

周学时：周教学课时 3.0；周实验学时 2.0。

面向对象：高年级本科生。

预修课程要求：具有编程基础，熟悉汇编语言，即预修一门语言类课程（C 程序设计基础和汇编语言程序设计基础）。

4.11.1　课程介绍

1. 中文简介

编译原理是软件工程专业的一般专业选修课程，主要内容包括：编译程序的组成、编译的各个阶段主要内容、与编译器相关的其他程序等。重点是词法分析器、语法分析器、语义分析、运行环境、代码生成和代码优化。要学习的基本理论包括正则表达式、自动机和上下文无关文法等，要掌握的基本方法包括基于自动机理论的词法分析方法，自顶向下和自底向上的语法分析方法，语法制导的语义处理方法、代码生成及优化方法等。通过本课程的理论部分和实验环节的学习，应使学生掌握并实现编译器的基本原理和技术，从而为具备一定的软件系统分析和设计的能力打下基础。

2. 英文简介

Compiler principle is a general professional elective course of software engineering major，the main content includes：the composition of the compiler，the main content of each stage of the compiler, other compiler-related programs. The focus is on lexical parsers, grammar parsers, semantic analysis, runtime environments, code generation and code optimization. The basic theories include regular expressions, automata, context-free grammars, etc. The basic methods include lexical analysis methods based on automata theory, top-down and bottom-up grammar analysis methods, grammar-guided semantic processing methods, code generation and optimization methods, etc. Through the study of the theoretical part and experimental part of this course, students should master and realize the basic principle and technology of the compiler, so as to lay a foundation for the ability of software system analysis and design.

4.11.2　教学目标

1. 课程定位及学习目标

编译原理是软件工程专业中一般专业选修课程。在修读本课程之前最好能够熟练掌握一门高级程序语言,这样能够更好地理解编译器的目的以及所采取的方法和原理,另外,如果能够提前掌握计算理论课程中的文法以及自动机概念也会对本课程的学习大有益处。本课程可以和数据库技术和操作系统等课程并行学习。

通过本课程的学习,使学生对编译器的基本构成、采用的基本原理和技术、存在的技术难点等有一个明确的认识,使学生理解并掌握编译器这一重要的系统软件。

2. 可测量结果

通过教师的课堂教学,学生能够掌握编译器的基本概念、基本组成,对词法分析器、语法分析器、上下文无关文法、语义分析、代码生成和代码优化的设计有一个全面的掌握,具有实现一个初级的编译器的能力。

注:以上结果可以通过课程作业、期中考试、期末考试和综合性课程设计等环节测量。

4.11.3　课程要求

1. 授课方式与课程要求

授课方式:①教师讲授(讲授核心内容、总结、按顺序提示今后内容、答疑等);②课后阅读(按照课程内容顺序阅读课堂推荐书目及参考文献);③期末考试;④期末报告。

课程要求:熟悉基本知识,培养思维和表达能力及合作精神,提高阅读中外文专业文献的能力。

2. 考试评分与建议

课程作业占10%,期中考试占10%,期末考试占45%,出勤考查占10%,期末报告占25%。

4.11.4　教学安排

第 1 次：编译程序的基本概念和词法分析。

教学内容：

- 编译程序的基本结构。
- 编译器相关的工具和软件。
- 树语言的数据结构。
- 词法分析程序的主要任务。
- 标准表示法的正则表达式。
- 有限自动机的理论与方法。
- Lex 实现词法分析器的自动生成。

实验 1：词法分析器。

第 2 次：上下文无关文法和预测分析。

教学内容：

- 上下文无关文法的理论及基本问题。
- 自上而下的预测分析方法。

第 3 次：LR 分析。

教学内容：

- 自底向上的分析技术及其相关的构造。
- 自底向上的 LR 分析技术及有关算法。

实验 2：Parsing——实现 LALR 分析方法。

第 4 次：Yacc 和错误恢复。

教学内容：

- Yacc 的用法，包括如何解决冲突，进行优先级的指导等。
- 自底向上的错误恢复机制。
- 自底向上的全局错误修复。

第 5 次：语义动作、抽象语法分析树和语义分析。

教学内容：

- 语义动作的概念。
- 语义分析算法。
- 语义分析的任务。
- 抽象语法分析树的建立。

实验 3：Semantic Analysis——实现语义分析。

第 6 次：栈帧、Tiger 编译器的栈帧。

教学内容：

- 栈帧的概念。
- 运行环境中的帧指针。
- 运行环境中的寄存器。

- 运行环境中的参数传递机制。
- 返回地址和静态链表。
- Tiger 编译器的栈帧设计。

第 7 次：翻译成中间代码(1)。

教学内容：

- 抽象语法转换成抽象机器代码。
- 中间代码的形式。
- 各类语言成分的翻译。

第 8 次：翻译成中间代码(2)。

教学内容：

- 各类语言成分的翻译。
- 条件表达式。
- 字符串。
- while 循环和 for 循环。
- 函数调用。
- 声明。

第 9 次：基本块和轨迹。

教学内容：

- 规范树以及相应的转换。
- 对条件分支的处理。

第 10 次：指令选择。

教学内容：

- 机器指令序列。
- 各类指令选择方法。
- CISC 机器特性。
- Tiger 编译器的指令选择。

实验 4：Code Generation——实现语义分析。

第 11 次：活跃分析。

教学内容：

- 活跃分析变量。
- 数据流方程。
- 活跃性计算。
- 静态活跃性。
- 动态活跃性。
- Tiger 编译器的活跃分析。

第 12 次：寄存器分配。

教学内容：

- 寄存器的分配。

- 数据流图。
- 存储器中的溢出问题。

第 13 次：针对树的寄存器分配和垃圾收集。

教学内容：

- 图着色算法。
- 针对树的寄存器分配算法。
- 垃圾收集方法。

第 14 次：面向对象语言的编译技术。

教学内容：

- 信息的隐藏或封装。
- 面向对象语言的编译技术。

第 15 次：循环优化。

教学内容：

- 可规约流程。
- 必经结点。
- 循环不变量的计算和外提。
- 归纳变量的分析。

第 16 次：循环展开和数组边界检查。

教学内容：

- 冗余的数组边界检查。
- 循环展开。

4.11.5　参考教材及相关资料

[1]　Appel A W. Modern Compiler Implementation in C［M］. Cambridge：Cambridge University Press，2004.

[2]　Louden K C. Compiler Construction：Principles and Practice［J］. Course Technology，1997.

4.12　系统安全

课程名称：系统安全。

英文名称：System Security。

学分：2.5。

周学时：周教学课时 4.0；周实验学时 1.0。

面向对象：高年级本科生。

预修课程要求：C 程序设计基础、汇编语言程序设计基础、操作系统、软件安全。

4.12.1 课程介绍

1. 中文简介

本课程旨在帮助学生理解计算机系统安全领域的基本理论,掌握常见的系统安全技术并能将其应用于实际的系统设计和开发过程中。学习本课程非常有助于培养学生对系统安全的理解,包括硬件安全机制、移动系统安全,以及容器系统安全。

2. 英文简介

This course aims to help student gain a better understanding of common system vulnerabilities and how to protect systems against these vulnerabilities in system design. This course is about the basic concept of computer system security, including hardware security mechanisms, operating system security, mobile system security and container security.

4.12.2 教学目标

1. 课程定位及学习目标

本课程是网络空间安全本科专业必修课。本课程所讨论的知识涵盖多种系统攻击和防护技术。本课程的主要任务包括以下 4 个方面。

(1) 系统安全概要和可信计算基础。

(2) 虚拟化技术的理解及其在系统安全上的应用。

(3) 硬件安全机制的理解和使用。

(4) 常见的操作系统的攻击和防护,包含 Linux 内核、Android 系统和容器系统。

2. 可测量结果

(1) 掌握系统安全的基本概念和知识点。

(2) 理解虚拟化技术,并可使用其设计对上层系统进行保护。

(3) 理解硬件安全机制,并可使用其设计对上层系统进行保护。

(4) 掌握对操作系统的常用保护技术,并可设计针对操作系统的保护机制。

4.12.3 课程要求

1. 授课方式与课程要求

授课方式:①教师讲授(讲授核心内容、总结、按顺序提示今后内容、答疑等);②期中考试;③期末考试。

课程要求:熟悉基本知识,培养学生程序调试的能力,使学生掌握常见的系统安全技术并能用于实际的系统设计和开发过程中。

2. 考试评分与建议

课程作业占 60%,期末考试占 40%。

4.12.4 教学安排

第 1 次:系统安全概要。

教学内容:

- 计算机系统安全的基本概念。
- 计算机系统面临的安全挑战。
- 计算机系统的主要攻击类型。
- 计算机系统安全设计。

第 2 次:可信计算。

教学内容:

- 可信计算的基本概念。
- TPM 介绍。
- 信任链技术。
- 可信软件栈。
- 远程证明。

第 3 次:虚拟化技术。

教学内容:

- 虚拟化技术介绍。
- 虚拟化面临的攻击。
- 虚拟化安全防护措施。
- 虚拟机隔离机制。

第 4 次:硬件安全机制。

教学内容:

- 安全协处理器与加密芯片。
- Intel SGX 技术。
- AMD 内存加密技术。
- ARM TrustZone 技术。

第 5 次:操作系统安全。

教学内容:

- Linux 操作系统安全基础知识。
- 操作系统代码注入攻击及防护。
- 操作系统代码重用攻击及防护。
- 操作系统数据攻击及防护。

第 6 次:系统安全监控技术。

教学内容:

- 系统安全隔离环境及 TEE 介绍。
- 基于硬件的系统安全监控。
- 基于 Hypervisor 的虚拟机自省技术。
- 同级安全监控技术。

第 7 次：移动系统安全。

教学内容：

- 移动系统的安全简介。
- Android 系统和应用安全模型。
- 恶意移动应用检测与防御。

第 8 次：容器系统安全。

教学内容：

- docker 容器系统的安全简介。
- 容器和虚拟化方案的比较。
- 实用容器安全方案 gvisor 和 kata container 介绍。
- 容器安全方案设计。

4.12.5　参考教材及相关资料

[1]　Wenliang Du. Computer Security：A Hands-on Approach[M]. Scotts Valley：CreateSpace Independent Publishing Platform，2017.

[2]　Computer Systems Security[EB/OL]. [2014-09-17]. https://ocw. mit. edu/courses/electrical-engineering-and-computer-science/6-858-computer-systems-security-fall-2014/.

[3]　Seed Labs[EB/OL]. [2019-09-18]. http://www. cis. syr. edu/～wedu/seed/Labs_16.04/.

[4]　Topics in Computer and Network Security[EB/OL]. [2019-12-4]. https://cs356.stanford.edu/.

[5]　OSDI SYMPOSIA [EB/OL]. [2018-11-10]. https://www. usenix. org/conferences/byname/179.

[6]　IEEE Symposium on Security and Privacy[EB/OL]. [2019-03-22]. http://www.ieee-security.org/TC/SP-Index.html.

[7]　ACM Special Interest Group on Security，Audit and Control[EB/OL]. [2018-07-14]. http://www.acm.org/sigsac/ccs.html.

[8]　NDSS 2016 Grants Distinguished Papers Awards[EB/OL]. [2016-2-23]. http://www.isoc.org/isoc/conferences/ndss/.

[9]　gVisor[EB/OL]. [2020-03-07]. https://github.com/google/gvisor.

[10]　katacontainers[EB/OL]. [2017-12-1]. https://katacontainers.io/.

4.13　无线与物联网安全基础

课程名称：无线与物联网安全基础。
英文名称：Wireless Network and IoT Security。
学分：3.0。
周学时：周教学课时 3.0。
面向对象：高年级本科生。
预修课程要求：无。

4.13.1　课程介绍

1. 中文简介

本课程主要涉及 5 个方面的内容。

（1）加密工具及物联网安全设计：对称密钥加密、公钥加密、哈希函数、认证方式与协议，利用加密手段实现无线系统及物联网的安全设计。

（2）无线网络架构及安全：蜂窝式网络、局域网、互联网、移动临时网络等架构及安全问题。

（3）物联网安全趋势及前沿应用：手机安全机制、无线物理层安全、RFID 安全和车联网安全。

（4）隐私安全问题及前沿技术：LBS 安全问题、社交网络隐私问题和匿名通信等。

（5）生物特征识别技术：人脸识别和声纹识别等。

2. 英文简介

This course mainly includes five parts:

（1）Cryptographic tools and their applications, exploiting cryptography to secure wireless and IoT systems.

（2）The architectures and security of cellular network, WLAN, Mobile IP, and ad hoc network.

（3）Frontiers of wireless and IoT security.

（4）Privacy issue and technology.

（5）Biometrics.

The Methods of discussion and case study will be used in this course, and the capability of security analysis will be emphasized.

4.13.2　教学目标

1. 课程定位及学习目标

无线安全是近期兴起的一个研究方向，主要研究无线设备及网络的安全问题。由于

98

物联网的飞速发展,无线安全研究也受到了国外顶级安全会议及安全研究人员的广泛重视。该研究方向的发展趋势包括无线设备的软硬件安全、无线通信安全和无线网络服务安全等。本课程要求学生了解有关无线安全的基础理论和现有技术,培养学生分析无线安全及设计相关安全系统架构的能力。

2. 可测量结果

(1) 解释并能够实现现有的主要密码学工具,能够利用密码学工具进行安全设计。

(2) 解释说明已有的加密、认证方法和协议,能够评估和比较不同方法协议的安全性和可行性。

(3) 了解无线网络的各类基础架构,以及现有的无线网络安全设计。

(4) 了解物联网安全前沿,生物特征识别技术等研究热点及相关应用。

(5) 形成在具体应用场景下构建安全威胁模型,进行安全设计及其安全性分析的能力。

注:以上结果可以通过课堂讨论、课程作业、考试以及期末实验报告等环节测量。

4.13.3 课程要求

1. 授课方式与课程要求

授课方式:①教师讲授(讲授核心内容、总结、按顺序提示今后内容、答疑等);②课后阅读(按照课程内容顺序阅读课堂推荐书目及参考文献);③期中考试;④期末报告。

课程要求:熟悉基本知识,培养对物联网安全问题的建模及设计解决方案的能力,形成对物联网安全研究的兴趣。

2. 考试评分与建议

课程作业占 20%,期中考试占 20%,期末考试占 40%,实验报告占 20%。

4.13.4 教学安排

第 1 次:课程简介。
教学内容:
- 课程背景。
- 课程主要内容。
- 课程考评方式。

第 2 次:无线通信网络概述。
教学内容:
- 无线通信的历史与基础技术。
- 3G、4G 和 5G。
- 无线网络的应用。

第 3 次:物联网概述。

教学内容：

- 物联网的起源与发展。
- 物联网的架构与组成。
- 物联网的主要应用。

第 4 次：传感与检测。

教学内容：

- 传感与检测的原理。
- 测量数据的估计与处理。
- 传感的特性与分类。

第 5 次：传感器技术。

教学内容：

- 传感器的技术原理。
- 传感器的功能与结构。
- 智能传感器。

第 6 次：识别技术。

教学内容：

- 物体标识的含义。
- 条形码与二维码。
- 射频识别（RFID）。

第 7 次：无线传输基础（1）。

教学内容：

- 无线网络通信技术与标准。
- 频率、频谱和带宽。
- 信道容量。
- 信号传播。
- 多路传输。
- 信号调制。

第 8 次：无线物理层与媒体接入层技术（2）。

教学内容：

- 扩频技术。
- 正交频分复用。
- 介质访问控制（MAC）。
- 载波侦听多路访问（CSMA）。
- CSMA/CD 和 CSMA/CA。

第 9 次：Wi-Fi 安全协议（1）。

教学内容：

- WEP 协议简介及安全隐患。
- WPA 协议简介及安全隐患。

第 10 次：Wi-Fi 安全协议（2）。

教学内容：

- WPA2 协议简介及安全隐患。
- 攻击实例：Key Reinstallation Attacks。

第 11 次：蜂窝移动网络安全。

教学内容：

- 移动通信技术安全隐患。
- 攻击实例：Breaking LTE at Layer 2。
- 5G 的安全与隐私挑战。

第 12 次：移动设备与无线技术安全。

教学内容：

- 移动设备安全与隐私问题。
- 认知无线电。
- 认知无线电安全。

第 13 次：蓝牙的安全与隐私。

教学内容：

- 蓝牙的基本原理。
- 蓝牙系统漏洞及威胁。
- 蓝牙 4.0 隐私保护方案。

第 14 次：NFC 应用安全。

教学内容：

- NFC 的基本原理。
- NFC 的工作模式。
- NFC 的安全与隐私机制。

第 15 次：距离约束协议。

教学内容：

- 距离欺诈的常见种类。
- Hancke and Kuhn's 距离约束协议。
- 针对汽车 PKES 系统的中继攻击。

第 16 次：物联网安全简介。

教学内容：

- 物联网安全典型案例。
- 物联网安全面临的威胁与应对。
- 针对语音控制设备的攻击。

第 17 次：RFID 安全。

教学内容：

- RFID 的基本原理。

- RFID 的隐私问题。
- HB 和 HB＋身份认证协议。

第 18 次：车联网安全。

教学内容：

- 车联网简介。
- 车联网中的安全威胁。
- 车联网安全体系结构。
- 车联网安全及隐私漏洞的实例分析。

第 19 次：生物特征识别技术简介。

教学内容：

- 生物特征识别技术原理。
- 各类生物特征识别技术简介。
- 基于心脏信号的生物特征识别。

第 20 次：基于眼睛注视点追踪的生物特征识别。

教学内容：

- 眼睛注视点追踪技术简介。
- 基于脸部信息处理检测眼睛位置。
- 认证识别过程。

第 21 次：声纹识别安全。

教学内容：

- 各类潜在攻击。
- 检测周围磁场验证声纹识别。
- 检测关节运动验证声纹识别。

第 22 次：LBS 及社交网络隐私。

教学内容：

- 隐私的基本概念。
- LBS（位置信息服务）安全。
- 社交网络隐私安全。

第 23 次：针对 3D 打印技术的边信道攻击。

教学内容：

- 3D 打印技术。
- 边信道攻击。
- 基于边信道信号的 3D 打印针头运动预测。
- 防御手段。

第 24 次：复习。

第 25 次：期末考试。

4.13.5　参考教材及相关资料

[1]　Buttyan L，Hubaux J P. Security and Cooperation in Wireless Networks：Thwarting Malicious and Selfish Behavior in the Age of Ubiquitous Computing[M].Cambridge：Cambridge University Press,2007.

[2]　Forouzan B A. Cryptography & Network Security[M].New York：McGraw-Hill,Inc.,2007.

专业选修课程

5.1 数据库系统

课程名称：数据库系统。

英文名称：Database Systems。

学分：4.0。

周学时：周教学课时 3.0；周实验学时 2.0。

面向对象：低年级本科生。

预修课程要求：C 语言程序设计基础（或 Java 语言程序设计）、数据结构基础。

5.1.1 课程介绍

1. 中文简介

数据库是现代信息社会的基石。本课程介绍数据库系统的原理和技术，包括关系数据模型、关系数据库标准语言 SQL、数据库设计与实体-联系模型、关系规范化、数据库应用程序设计、对象-关系模型、XML、物理存储、索引、查询处理和优化、并发控制和恢复。本课程旨在使学生全面理解数据库系统的基本概念和 DBMS 实现技术，具备操作数据库管理系统和开发数据库应用的能力。

2. 英文简介

Database is the cornerstone of modern information society. The course introduces the principles and techniques of database systems, including the relational data model, relational database standard language SQL, database design and entity-relationship data model, relational formalization, database application programming, object-relational model, XML, physical storage, index, query processing and optimization, concurrency control and recovery. Students are expected to have fully understanding of the basic concepts of database systems and DBMS implementation techniques, and be equipped with the ability to administrate DBMS and develop database applications.

5.1.2　教学目标

1. 课程定位及学习目标

本课程是计算机科学与技术专业中计算机软件技术方向的专业必修课,也是软件工程专业的主要专业必修课。本课程所讲授的数据库系统是现代信息社会的基石,在计算机学科体系中占据重要地位,数据库管理系统是重要的应用支撑软件,具有广泛的应用,它的理论和方法是从事数据分析与处理、应用与研究的基础。建议本课程在专业基础课之后,并在操作系统课程之后修读,也可以和操作系统课程并行修读。

本课程旨在使学生全面理解数据库系统的基本概念和技术,具备操作数据库管理系统和开发数据库应用系统的能力。

2. 可测量结果

(1) 能安装和使用一种数据库管理系统软件,如 MySQL 或 MS SQL Server。

(2) 熟练使用 SQL 进行数据库表定义和数据查询与管理。

(3) 能针对具体应用,进行 E-R 模型设计和关系模式设计。

(4) 能用一种程序设计语言(如 C 或 Java)开发数据库应用程序。

(5) 能完成 XML 数据和关系数据的相互转换;能用 XQuery 表达 XML 数据查询要求。

(6) 掌握数据库管理系统以 B+树为代表的索引结构。

(7) 熟悉以 2PL 为代表的基于锁的并发控制协议。

(8) 掌握数据库管理系统故障恢复的基本原理和 ARIES 算法。

注:以上结果可以通过课程作业、综合性课程设计以及笔试等环节测量。

5.1.3　课程要求

1. 授课方式与课程要求

授课方式:①教师讲授(讲授核心内容、总结、按顺序提示今后内容、答疑等);②课后阅读(按照课程内容顺序阅读课堂推荐书目及参考文献);③期中考试;④期末考试;⑤课程实验;⑥期末报告。

课程要求:熟悉数据库的基本概念,掌握数据库 SQL 定义和管理数据的技能,提高数据库管理系统使用和数据库应用系统设计能力,掌握数据库管理系统软件的实现技术。

2. 考试评分与建议

课程作业占 10%,期末考试占 50%,课程实验占 30%,出勤考查占 10%。

5.1.4　教学安排

第 1 次:数据库系统引论。

教学内容:

- 数据库应用领域。
- 数据库管理系统的优越性。
- 数据库三级模式结构及数据独立性。
- 数据库管理系统的构成。

第 2 次：关系数据模型。

教学内容：

- 数据库管理系统的历史变迁。
- 关系数据库的基本概念。
- SQL 基础。
- 关系模型的结构。

第 3 次：SQL——表定义和基本 SQL 查询。

教学内容：

- 关系代数（并、交、投影、广义笛卡儿积和选择）。
- 空值和外部连接。
- 扩展的关系操作。

第 4 次：SQL——SQL 嵌套查询、数据更新、视图和索引（1）。

教学内容：

- 表定义（primary key、foreign key 和 check）。
- 数据查询（包括嵌套子查询、空值和内外部连接等）。

第 5 次：SQL——SQL 嵌套查询、数据更新、视图和索引（2）。

教学内容：

- 数据更新（插入、删除和修改）。
- 视图定义。
- 索引定义。

第 6 次：SQL——数据完整性、安全性和事务。

教学内容：

- 数据完整性约束。
- 断言。
- 触发器。
- 数据库安全控制（身份认证、权限控制、审计、数据加密）。
- 授权与权限回收。
- 事务及其 ACID 性质。
- SQL 中的事务管理。

第 7 次：SQL——嵌入式 SQL、ODBC 和 JDBC。

教学内容：

- 嵌入式 SQL。
- 动态嵌入式 SQL。
- 函数与存储过程。

- ODBC。
- JDBC。

第 8 次：数据库设计和 E-R 模型。

教学内容：

- 实体集与联系集。
- E-R 模型基本设计规范。
- 弱实体集。
- 扩展 E-R 模型。
- E-R 模型向关系模式的转化。

第 9 次：关系数据库设计和关系规范化。

教学内容：

- 函数依赖。
- Armstrong 公理系统。
- 函数依赖集的 canonical cover。
- 关系模式分解-无损连接和依赖保持。
- 3NF 和 BCNF。
- 多值依赖与 4NF。

第 10 次：数据库设计案例研讨。

教学内容：

- 对象-关系数据库。
- 对象-关系数据库的动因。
- 对象-关系数据库和 SQL99。
- QL 过程语言。
- 存储过程。

第 11 次：物理存储和索引。

教学内容：

- 物理存储介质。
- 磁盘结构。
- 文件组织。
- 数据记录的表示——定长与不定长记录。
- B＋树索引。

第 12 次：查询处理和优化。

教学内容：

- 查询代价的衡量。
- 选择操作、排序操作和连接操作。
- 查询表达式的求值。

第 13 次：并发控制。

教学内容：事务的可串行性和可恢复性。

第 14 次：数据库恢复。

教学内容：

- 故障类型。
- 基于日志文件的恢复。
- 先写日志文件原则。
- Checkpoint。
- Aries 算法。
- 远程备份。

第 15 次：对象-关系数据库。

教学内容：

- 关系数据库的缺点。
- 对象数据库的优点。
- 对象-关系数据库的特征。
- SQL 扩展。

第 16 次：XML。

教学内容：

- XML 文档的基本要素。
- 文档类型定义语言 DTD。
- 关系模式和 XML 之间的转化方法。
- XPath 和 XQuery 的基本要素。

第 17 次：复习总结。

教学内容：

- 课程内容回顾。
- 展望数据库技术的发展。

5.1.5　参考教材及相关资料

[1]　Abraham Silberschatz，Henry F. Korth，S. Sudarshan. Database System Concepts[M].6th Edition.北京：高等教育出版社，2010.

[2]　陈根才，等.数据库课程设计[M].杭州：浙江大学出版社，2008.

5.2　计算机体系结构

课程名称：计算机体系结构。

英文名称：Computer Architecture。

学分：3.5。

周学时：周教学课时 2.5；周实验学时 2.0。

面向对象：高年级本科生。

预修课程要求：计算机组成、操作系统。

5.2.1　课程介绍

1. 中文简介

本课程是计算机专业的一门重要的专业课,从计算机系统角度介绍计算机设计的概念原理和设计方法。主要介绍计算机体系结构的基本概念、计算机设计的任务、定量设计原理和计算机性能评价;指令系统的设计、CISC 和 RISC 的设计思路和特点;处理器流水线技术、流水竞争产生原因和解决方法;存储器层次结构,改进 Cache 性能的方法;I/O 存储设备;以及多处理机的基本概念。在学习理论的同时,要求熟练硬件设计工具和环境,掌握硬件设计开发方法,逐步进阶在 Xilinx ISE 开发环境中用 Verilog 语言设计实现支持 31 条 MIPS 指令的流水线处理器,并在 FPGA 板上验证其正确性。

2. 英文简介

This course is one of the most important professional courses in computer science that systemically introduce the fundamental concepts and design approaches of computer architecture from the view of the whole computer system. The topics cover fundamental concepts, task of computer design, quantitative principles and performance evaluation; instruction set architecture and characteristics of CISC and RISC machines; basic concepts for pipelining, causes and resolutions for pipeline hazards; memory hierarchy, improvement of cache performance; I/O storages; and basic concepts for multiprocessors. At the same time, the students are required to master the hardware design approaches and skillfully use hardware design toolkits. In the lab we will introduce how to gradually implement the pipelined CPU supporting 31 MIPS instructions in Xilinx ISE environment using Verilog, and verify its correctness on FPGA board.

5.2.2　教学目标

1. 课程定位及学习目标

通过课堂教学和实验掌握计算机系统结构的基本概念和原理,使学生了解计算机的基本设计思想和方法,掌握计算机设计的基本方法,即分析、权衡的方法,掌握计算机设计的定量设计原理并能应用于实践中,从而了解计算机程序如何从编译到机器代码在计算机硬件上的运行。同时使学生熟练掌握一种硬件开发环境和硬件描述语言,能够设计实现流水线处理器原型系统。

2. 可测量结果

(1) 了解计算机体系结构的概念和任务,了解体系结构、组成和实现三者的区别。

(2) 学会测量评价计算机性能的方法。重点要求掌握计算机设计定量设计原理,掌握加速比、CPU time 的计算方法。

（3）了解处理器指令系统的设计内容，了解 RISC 和 CISC 计算机的不同。

（4）深入理解基本五级流水线技术，能具体分析流水线竞争产生原因，了解竞争解决的基本方法。

（5）了解掌握存储器层次结构的基本概念，掌握 Cache 性能改进方法、存储器的基本组织方式以及芯片内的改进技术。

（6）在 Xilinx ISE 开发环境中，用 Verilog 语言设计实现支持基本 MIPS 指令的流水线处理器，并在 Xilinx FPGA 板 SP3E 上验证正确性。

注：以上结果可以通过作业、课堂测验、实验、期末考试等环节测量。

5.2.3　课程要求

1. 授课方式与课程要求

授课方式：①教师讲授（讲授核心内容、总结、按顺序提示今后内容、答疑等）；②课后阅读（按照课程内容顺序阅读课堂推荐书目及参考文献）；③期末考试；④课程实验；⑤期末报告。

课程要求：

（1）强调过程学习，通过作业、课堂小测验、实验等多个环节，来保持教学进度并考查学习效果。

（2）文献阅读：最近 3 年专业方向顶级期刊或会议论文阅读 3 篇，写一篇文献综述，一方面补充专业方向的最新研究成果，一方面掌握概括能力。

（3）课堂小测验：阶段性了解学习情况，及时调整课程进度。

（4）分 8 次实验，逐步设计一个完整的流水线处理器，加深对课程教授的理论和技术的理解，加强基本设计技能、动手实践能力。前 4 次简单的单独完成，后 4 次两人一组合作完成，培养学生独立工作的能力以及合作精神。

（5）期末卷面考试：闭卷考试，检验学习成果。

2. 考试评分与建议

课程作业占 16%，期末考试占 35%，课程实验占 32%，出勤考查占 12%，期末报告占 5%。

5.2.4　教学安排

第 1 次：课程简介。

教学内容：

• 体系结构技术发展现状。
• 计算机设计生命周期。
• 计算机设计师的任务。

实验 1：学习开发板和软件设计环境。

第 2 次：计算机设计基础。

教学内容：
- 计算机发展历史。
- 市场需求划分。
- 面临的挑战性问题。
- 计算机技术发展趋势。
- 应用发展趋势。
- 价格发展趋势。
- 计算机性能参数。
- 计算机定量设计原则。

第3次：指令系统设计原则和实例。

教学内容：
- 指令系统设计内容。
- 指令系统分类方法。
- 指令系统设计基本方法。
- 存储器寻址技术。
- 指令操作、操作数和控制类指令设计。

实验2：基本功能部件设计回顾。

第4次：指令系统设计原则和实例。

教学内容：
- 指令集编码。
- 指令系统对操作系统。
- 编译器的支持。
- RISC 与 CISC 的设计背景。
- RISC 与 CISC 的主要技术特点。
- 指令系统案例。

第5次：流水线技术。

教学内容：
- 流水线技术的基本概念。
- 流水线描述方法、性能。
- MIPS 五级流水线实现方法。
- 流水线竞争概念。
- 流水线停顿(stall)技术解决竞争。

实验3：单周期 CPU 设计回顾。

第6次：流水线结构竞争和数据竞争。

教学内容：
- 结构竞争产生的原因。
- 结构竞争对性能的影响。
- 结构竞争解决办法。

- 数据竞争产生的原因及解决方法。

第 7 次：流水线控制竞争。

教学内容：

- 控制竞争产生的原因及基本的解决方法。
- 减少控制竞争延迟技术。
- 控制竞争解决方法的性能比较。

实验 4：多周期 CPU 设计回顾。

第 8 次：支持多周期操作的流水线。

教学内容：

- 多周期操作的流水线。
- 多周期操作流水线中的结构竞争。
- 多周期操作流水线中的数据竞争问题。

第 9 次：流水线中断处理技术。

教学内容：

- 5 级整数流水线。
- 多周期操作流水线中断处理技术。
- 多周期操作流水线实例。

实验 5：基本 5 级流水线 CPU 设计。

第 10 次：存储器层次结构。

教学内容：

- 存储器层次结构的基本概念。
- Cache 技术基础：映射方法、访问过程、替换策略和写策略。
- 存储器层次结构性能评价。

第 11 次：Cache 性能改进技术。

教学内容：

- Cache 失配原因分析。
- 6 种基本 Cache 性能改进方法。

实验 6：带有 Stall 功能的流水线 CPU 设计。

第 12 次：高级 Cache 性能改进技术。

教学内容：11 种高级 Cache 性能改进方法。

第 13 次：存储器组织及虚拟存储器。

教学内容：

- 存储器芯片组织。
- 芯片内读写技术。
- 改进存储器芯片内读写技术。

实验 7：带有 Fowarding 功能的流水线 CPU 设计。

第 14 次：I/O 系统。

教学内容：

- I/O 系统总线、访问协议和总线标准。
- RAID。
- I/O 系统性能参数和性能评价。

实验 8：解决控制竞争的流水线 CPU 设计。

第 15 次：多处理器系统。

教学内容：

- 多处理器系统结构。
- 对称共享存储器结构和 Cache 一致性监听协议。
- 分布共享存储器结构和基于目录的一致性协议。

实验 9：支持 31 条 MIPS 指令的流水线 CPU 设计。

第 16 次：小结和复习。

教学内容：回顾课程。

5.2.5　参考教材及相关资料

[1]　John L. Hennessy，David A. Patterson. Computer Architecture——A Quantitative Approach［M］.4th Edition.北京：机械工业出版社,2007.

[2]　John L. Hennessy，David A. Patterson. Computer Architecture——A Quantitative Approach［M］.5th Edition.北京：机械工业出版社,2013.

5.3　计算理论

课程名称：计算理论。
英文名称：Theory of Computation。
学分：2.0。
周学时：周教学课时 2.0;周实验学时 0.0。
面向对象：高年级本科生。
预修课程要求：离散数学。

5.3.1　课程介绍

1. 中文简介

本课程主要是针对计算机科学与技术及相关专业的本科生开设的一门理论课程,总学时为 32 学时,重点介绍形式语言与自动机、递归函数以及可计算性初步的一些内容。这门课程的基础包括一些数学的工具,如集合论、逻辑学和图论,以及一些计算机科学的理论性的概念,如形式语言和抽象机器。

2. 英文简介

This course is a theoretical course for undergraduates majoring in computer science and technology and related majors, with a total of 32 credit hours. This course focuses on the introduction of formal languages, automata, recursive functions and computability. The foundation of this course includes mathematical tools such as set theory, logic, and graph theory, as well as some theoretical concepts of computer science, such as formal languages and abstract machines.

5.3.2　教学目标

1. 课程定位及学习目标

计算理论课程以"计算"(Computation)这一抽象的内容作为研究对象,用数学工具来分析和刻画,并为此而建立的理论体系。计算理论关注计算的 3 个不同的方面:计算的模型、可计算的界限和计算的代价。自动机理论抽象地描述了什么叫"问题",什么叫"解",计算的机制可以有什么样的形式。可计算性关注的是计算的"行不行"的一面。复杂度关注的是"好不好"的一面,即问题的"难"和"易"。在这门本科生的课程中主要关注前两个问题。

学习计算理论,一方面要了解那些在计算机科学中的深刻的问题和结果,如有关形式语言的 Chomsky 层次谱系、歌德尔不完备定理和 Church-Turing 论题等,这些结果至今还影响了人类对于计算机科学的根本认识。另一方面要让学生去感受计算理论发展中的一些引人入胜的思想,如抽象问题的形式语言描述,确定性和非确定性的引入,对角化原理、停机问题和归约的思想等。这些结果均为大师的杰作,充满美感,也值得广大学生去领悟。

2. 可测量结果

(1)了解和掌握形式语言的相关概念,通过对其生成的模型加以研究,获得不同复杂性的形式语言:正则语言、上下文无关语言和无限制语言。

(2)了解各种计算模型(有穷自动机、下推自动机和 Turing 机)的不同的计算能力,进而理解 Church-Turing 论题。

(3)掌握递归函数和 Turing 不可解的有关内容,对可计算性有初步的了解。

注:以上结果可以通过课堂讨论、课程作业、考试以及期末实验报告等环节测量。

5.3.3　课程要求

1. 授课方式与课程要求

授课方式:①教师讲授(讲授核心内容、总结、按顺序提示今后内容、答疑等);②期末考试。

课程要求:熟悉理论计算机科学的基本知识、基本框架和基本问题,通过学习培养形式化表达问题的能力,通过对计算理论中一些重要结论的证明,让学生能领略经典结论的美感和哲学意义。

2. 考试评分与建议

课程作业占 10％,期末考试占 70％,课程实验占 20％。

5.3.4　教学安排

第 1 次:计算理论课简介。

教学内容:

- 介绍计算理论课程发展的历史。
- 了解课程的基本特点、关注的主要问题和课程的主要内容。
- 介绍课堂的组织、时间安排以及考试的安排和成绩的构成等。

第 2 次:形式语言及其运算。

教学内容:

- 介绍无限集和闭包的相关概念。
- 掌握 3 个基本的证明技术,特别是对角化原理的证明思路。
- 掌握形式语言及其运算的基本概念。

第 3 次:正则语言与有穷自动机(1)。

教学内容:

- 确定型有穷自动机的概念。
- 非确定型有穷自动机的概念。
- 正则表达式的概念。

第 4 次:正则语言与有穷自动机(2)。

教学内容:

- 确定型有穷自动机与正则表达式之间的等价性及其证明。
- 非确定型有穷自动机与正则表达式之间的等价性及其证明。
- 有穷自动机与正则表达式之间的等价性及其证明。

第 5 次:正则语言与有穷自动机(3)。

教学内容:

- 正则语言的泵定理。
- 正则语言相关的封闭性。
- 非正则语言的存在性。

第 6 次:上下文无关语言(1)。

教学内容:

- 上下文无关文法的概念。
- 下推自动机的概念。

第 7 次:上下文无关语言(2)。

教学内容:下推自动机与上下文无关文法等价性及其证明。

第 8 次:上下文无关语言(3)。

教学内容:

- 上下文无关语言的泵定理。
- 上下文无关语言的封闭性。
- 非上下文无关语言的存在性。

第 9 次：Turing 机(1)。

教学内容：

- Turing 机的定义。
- Turing 机计算与判定、半判定语言。

第 10 次：Turing 机(2)。

教学内容：

- Turing 机的扩充。
- Turing 机在计算能力上的等价性。

第 11 次：Turing 机(3)。

教学内容：

- 文法的概念。
- 文法与 Turing 机的等价性。

第 12 次：Turing 机(4)。

教学内容：

- 原始递归函数。
- 递归函数。

第 13 次：不可判定性(1)。

教学内容：了解 Church-Turing 论题的内容。

第 14 次：不可判定性(2)。

教学内容：

- 通用 Turing 机的概念。
- 停机问题的不可判定性。

第 15 次：不可判定性(3)。

教学内容：递归语言的相关性质。

第 16 次：复习。

教学内容：课程复习与总结。

5.3.5　参考教材及相关资料

[1]　Harry R. Lewis，Christos H. Papadimtriou，Prentice Hall. Elements of The Theory of Computation(影印版)[M].Second Edition.北京：清华大学出版社，2011.

[2]　John E. Hopcroft，Rajeev Motwani，Jeffrey D. Ullman. 自动机理论、语言和计算导论(影印版)[M].2 版.北京：清华大学出版社，2002.

[3]　Michael Sipser.Introduction to the Theory of Computation[M]. 北京：机械工业出版社，2015.

5.4 程序设计方法学

课程名称：程序设计方法学。

英文名称：Programming Principle。

学分：2.0。

周学时：周教学课时 2.0；周实验学时 0.0。

面向对象：高年级本科生。

预修课程要求：C 程序设计基础、面向对象程序设计（要求同时选修 Java 应用技术或自学 Java 编程，计算机组成、编译原理对本课程的学习有帮助）。

5.4.1 课程介绍

1. 中文简介

本课程是关于编程语言原理的，主要讲述编程语言的概念、分类、元素和实现。本课程主要由五部分内容组成：编程语言基本概念、语言要素及其实现、4 种编程范式、虚拟机技术及实现、3 个专题（函数式、并行计算和递归计算）。

本课程通过讲课、论文阅读与综述、编写编程语言解释器的方式实现学习目标。

本课程不涉及编译原理的知识。

2. 英文简介

This is a course on principles of programming languages, including the concept, category, elements and implementation. It consists of five major parts: basic concepts of programming languages, elements of programming languages and their implementations, four programming paradigms, virtual machines technologies and implementations, and three topics (functional programming, parallelism computation and recursive computation).

This course aims to achieve its learning objectives through lectures, reading and reviewing papers, and writing programming language interpreters.

Knowledge about compilation theory is not included or required in this course.

5.4.2 教学目标

1. 课程定位及学习目标

国内大学对于编程语言的研究甚少，也几乎没有开设类似课程。本课程希望能给学生更广阔的视角来理解计算机科学，对于计算机的基础性研究方向有所涉猎和关注，培养对于基础研究的兴趣。

同时，对于将来从事编程工作的学生，本课程能使他们深入理解编程语言，理解编程语言的实现，理解各种编程范式，对于写出更高质量的程序是大有裨益的。

通过编写自己的函数式语言解释器，学生们一方面充分理解了函数式编程，另一方面也锻炼了大型程序的编写(至少 5000 行代码),对于编程能力的提升是很有好处的。

2. 可测量结果

(1) 理解语言的概念、语法与语义的不同。

(2) 了解编程语言的发展历史和当前研究方向。

(3) 掌握用 BNF 和 EBNF 来描述语言和推导语句。

(4) 理解命令式、函数式和逻辑式语言的定义和特点。

(5) 理解程序执行的编译和解释两种方式。

(6) 掌握变量的名-值关系、类型、运算与实现(包括编译和解释)。

(7) 掌握命令式语言中的控制结构及编译实现。

(8) 掌握函数的实现,尤其是局部空间的实现。

(9) 理解结构化、面向对象、基于构件和泛型 4 种设计范式的定义和特点。

(10) 理解虚拟机机制,了解 JVM 的实现机制。

(11) 理解函数式编程的概念和常用手段。

(12) 理解并行计算的概念和常用手段。

(13) 掌握递归计算的概念和常用手段。

5.4.3　课程要求

1. 授课方式与课程要求

授课方式:①教师讲授(讲授核心内容、总结、按顺序提示今后内容、答疑等);②课后阅读(按照课程内容顺序阅读课堂推荐书目及参考文献);③期末考试;④课程实验;⑤期末报告。

课程要求:深入理解编程语言、语言的实现和各种编程范式。编写自己的函数式语言解释器,提升编程能力。

2. 考试评分与建议

课程作业占 20%,期中考试占 20%,期末考试占 40%,课程实验占 20%。

5.4.4　教学安排

第 1 次:编程语言基本概念(1)。

教学内容:

- 语言的基本概念。
- 编程语言的概念。
- 语法和语义的概念。

第 2 次:编程语言基本概念(2)。

教学内容:

- 编程语言发展的历史。

- 编程语言的当前研究方向。

第 3 次：编程语言基本概念(3)。

教学内容：

- 语法——BNF 和 EBNF。
- MUA 语言。

第 4 次：编程语言基本元素(1)。

教学内容：

- 名-值关系与编译。
- 名-值解释实现。
- 名-值类型。

第 5 次：编程语言基本元素(2)。

教学内容：表达式计算—— 正交原则。

第 6 次：编程语言基本元素(3)。

教学内容：

- 控制与子程序。
- 控制语句的实现。

第 7 次：编程语言基本元素(4)。

教学内容：

- 程序调用返回的实现。
- 本地空间的实现。

第 8 次：编程语言设计范式与实现(1)。

教学内容：

- 结构化程序设计——什么是结构化里的结构。
- 面向对象程序设计——理解与实现。

第 9 次：编程语言设计范式与实现(2)。

教学内容：

- 基于构件的程序设计——理解与实现。
- 了解面向接口的设计。

第 10 次：编程语言设计范式与实现(3)。

教学内容：

- 泛型程序设计——理解与实现。
- 虚拟技术与虚拟机实现——以 JVM 为例。

第 11 次：函数式计算。

教学内容：

- 函数式计算的相关概念。
- 函数式计算实现。

第 12 次：并行计算。

教学内容：

- 并行计算的相关概念。
- 并行计算实现。

第 13 次：递归计算。

教学内容：

- 递归计算的相关概念。
- 递归计算实现。

第 14 次：程序的数据结构(1)。

教学内容：

- 类型。
- 类型系统程序。

第 15 次：程序的数据结构(2)。

教学内容：

- 程序设计语言中的数据类型。
- 数据抽象与抽象数据类型。

第 16 次：程序的数据结构(3)。

教学内容：

- 面向对象方法。
- 面向方面编程。

5.4.5　参考教材及相关资料

[1]　Robert W. Sebesta.编程语言原理[M].10 版.马跃,等译.北京：清华大学出版社,2013.

[2]　Michael L. Scott.程序设计语言——实践之路[M]. 韩江,等译.北京：电子工业出版社,2012.

[3]　Terence Parr.编程语言实现模式[M]. 李袁奎,译.武汉：华中科技大学出版社,2012.

[4]　Glynn Winskel. 程序设计语言的形式语义[M]. 宋国新,等译.北京：机械工业出版社,2005.

[5]　Harold Abelson.计算机程序的构造和解释[M]. 裘宗燕,译.北京：机械工业出版社,2012.

5.5　计算机科学思想史

课程名称：计算机科学思想史。

英文名称：Great Ideas in Computer Science。

学分：2.0。

周学时：周教学课时 2.0；周实验学时 0.0。

面向对象：高年级本科生。

预修课程要求：面向对象程序设计、数据结构基础、操作系统、数据库系统、计算理论、计算机网络等。

5.5.1 课程介绍

1. 中文简介

课程将从哲学和历史的角度,特别是 1966 年以来历年图灵奖得主的简介、科学思想和杰出成果等,来剖析计算机科学发展中各领域的发展脉络。具体包括如下内容。

（1）相关研究领域发展史：跟踪领域的发展脉络,揭示计算机科学相关领域的科学思想。

（2）计算机科学家思想史：介绍一些伟大的计算机科学家的生活历程、工作成果以及他们对科学产生兴趣的缘由,回溯了成长环境和其他科学家对他们产生的影响,阐述了各自进行基础探索和发现的途径,同时也分享了对未来的看法和主张。

（3）计算机科学经典问题研究史：可以是计算机科学发展中解决某个经典问题的跟踪,带领学生进行深入阅读,揭示解决该问题对于计算机学科发展和未来的影响。

（4）通过本课程的学习,使学生深入了解计算机科技史上的杰出人物和重大科学事件,系统地理解计算机科学的发展历程,领悟到计算机科学的背后的真谛,激发学生献身科学的精神。

2. 英文简介

This course will take a philosophical and historical perspective on the development of computer science, especially since 1966 Turing award winner's life, scientific thinking, and outstanding achievements and so on. The concrete content includes:

(1) The history of some research fields in computer science: tracking development in some research fields in computer science, reveal its scientific thought.

(2) The master's thought on computer science: introducing some great computer scientists life, and achievements, expounding the basic exploration and discovery in computer science, and sharing the future views.

(3) The improvement of classic problem in computer science: developing the solution to some classic problems, leading the students to carry on the deep reading, revealing the idea and its influence of in the future.

The course can make the students to understand the history of computer science, great scientific event and so on, and to understand the essence behind the computer science, to dedicate to their scientific research.

5.5.2 教学目标

1. 课程定位及学习目标

课程试图跟踪计算机科学最高奖图灵奖获奖者的重要科学思想、经典问题求解过程和重大的技术突破,让学生了解著名科学家的生平,体会经典问题求解的曲折过程和求解中渗透的智慧,系统地理解计算机科学的发展历程,领悟到计算机科学的背后的真谛。课程可以培养学生在科学思维过程中的人文思想。

2. 可测量结果

(1) 了解计算机科学中重要的科学家的生平。

(2) 了解计算机科学过程中的重大技术突破以及它对计算机科学及其应用的影响。

(3) 了解计算机科学与技术中的经典问题,掌握 2~3 个计算机科学中的经典问题的求解历程、求解思想和求解过程。

(4) 形成对计算机科学与技术相关文献的阅读能力。

注:以上结果可以通过课堂讨论、课程作业以及课程论文等环节测量。

5.5.3　课程要求

1. 授课方式与课程要求

授课方式:①教师讲授(讲授核心内容、总结、按顺序提示今后内容、答疑等);②课后阅读(按照课程内容顺序阅读课堂推荐书目及参考文献);③期末报告。

课程要求:熟悉基本知识,培养思维和表达能力,提高中外文科学文献的阅读能力,形成对计算机科学理论的研究兴趣。

2. 考试评分与建议

课程作业占 50％,期末报告占 50％。

5.5.4　教学安排

第 1 次:自动机和可计算性——亘古砂石传递未来声音。

教学内容:

- 自动机以及著名的计算模型 Turing 机的历史。
- 形式语言与自动机。
- 可计算性与计算复杂性。

第 2 次:程序语言设计与实现。

教学内容:

- ACM 图灵奖和 IEEE 计算机先驱奖获得者代表人物。
- 典型的程序设计语言。
- 介绍的科学家:巴科斯和麦卡锡。

第 3 次:算法。

教学内容:

- 介绍理论计算机科学与算法领域的发展与演变。
- 当前的研究方向和热点。

- 介绍算法设计和机制设计的初步知识和例子。
- 介绍两位图灵奖得主 Donald E.Knuth 和 Robert Endre.Tarjan 的成长史。

第 4 次：体系结构——从图灵机到现代体系结构发展看计算的变迁。

教学内容：体系结构不同阶段的演变。

第 5 次：人工智能——从智能计算到大数据计算。

教学内容：

- 人工智能的发展历史。
- 大数据时代人工智能面临的挑战。

第 6 次：操作系统。

教学内容：计算机操作系统的演化与发展。

第 7 次：数据库——从商业数据管理到大数据分析。

教学内容：

- 数据库在数据模型方面的发展历史。
- 数据库在体系结构方面的发展历史。
- 数据库在应用领域方面的发展历史。

第 8 次：图像处理和交互式系统。

教学内容：

- 图形与交互的起源。
- 发展脉络与未来挑战。
- 图形与交互发展的关系。

5.5.5 参考教材及相关资料

ACM. ACM A.M. Turing Award〔EB/OL〕. (1966-).https://amturing.acm.org/.

5.6 科研实践 I

课程名称：科研实践 I。
英文名称：Scientific Research Practice Ⅰ。
学分：2.0。
周学时：周教学课时 2.0;周实验学时 0.0。
面向对象：高年级本科生。
预修课程要求：无。

5.6.1 课程介绍

1. 中文简介

该课程根据学生科研方面的工作进行学分(科研实践Ⅰ2学分,科研实践Ⅱ4学分)和成绩论定。

要获得科研实践课程的学分,需要提供以下材料。

(1) 导师的推荐信,说明该生科研工作的时间、内容、表现和已取得的成绩。

(2) 代表科研成果的证明材料(论文和获奖证书等),论文要在一级学报或国际会议上正式发表(至少有录用说明),作者前三名有效,高层次会议可放宽。

(3) 学生本人的申请该课程的书面材料。

然后由教学院长或课程组的负责老师进行审核,最后才给予学分和成绩。

2. 英文简介

This course is based on students' scientific research work (credits for research practice I 2 credits, research practices II 4 credits) and grade determination.

To earn credit for a research practice course, the following materials are required:

(1) A letter of recommendation from the tutor stating the time, content, performance and achievements of the student's scientific research.

(2) Proof materials (thesis, award certificate, etc.) representing the scientific research results. The thesis must be formally published in a first-level journal or an international conference (at least there are instructions for acceptance). The top three authors are valid. High-level meetings can be relaxed.

(3) The student's written application for the course.

Then be reviewed by the dean or the teacher in charge of the course team before giving credits and grades.

5.6.2　教学目标

实践类课程由指导教师统一安排。

5.6.3　课程要求

实践类课程由指导教师统一安排。

5.6.4　教学安排

实践类课程由指导教师统一安排。

5.7　科研实践 II

课程名称:科研实践 II。

英文名称:Scientific Research Practice II。

学分:4.0。

周学时:周教学课时 2.0;周实验学时 0.0。

面向对象:高年级本科生。

预修课程要求:无。

5.7.1　课程介绍

1. 中文简介

该课程根据学生科研方面的工作进行学分(科研实践 I 2 学分,科研实践 II 4 学分)和成绩论定。

要获得科研实践课程的学分,需要提供以下材料。

(1)导师的推荐信,说明该生科研工作的时间、内容、表现和已取得的成绩。

(2)代表科研成果的证明材料(论文、获奖证书等),论文要在一级学报或国际会议上正式发表(至少有录用说明),作者前 3 名有效,高层次会议可放宽。

(3)学生本人的申请该课程的书面材料。

然后由教学院长或课程组的负责老师进行审核,最后才给予学分和成绩。

2. 英文简介

This course is based on students' scientific research work (credits for research practice I 2 credits, research practices II 4 credits) and grade determination.

To earn credit for a research practice course, the following materials are required:

(1) A letter of recommendation from the tutor stating the time, content, performance and achievements of the student's scientific research.

(2) Proof materials (thesis, award certificate, etc.) representing the scientific research results. The thesis must be formally published in a first-level journal or an international conference (at least there are instructions for acceptance). The top three authors are valid. High-level meetings can be relaxed.

(3) The student's written application for the course.

Then be reviewed by the dean or the teacher in charge of the course team before giving credits and grades.

5.7.2　教学目标

实践类课程由指导教师统一安排。

5.7.3　课程要求

实践类课程由指导教师统一安排。

5.7.4　教学安排

实践类课程由指导教师统一安排。

5.8　网络空间安全导论

课程名称:网络空间安全导论。

英文名称：Introduction to Cybersecurity。

学分：1.5。

周学时：周教学课时 1.5；周实验学时 0.0。

面向对象：低年级本科生。

预修课程要求：无。

5.8.1　课程介绍

1. 中文简介

随着计算机技术的飞速发展，网络空间安全问题越来越受关注。本课程主要介绍网络空间安全理论与技术的重要基础及工具，对于网络空间安全专业的学生，有必要较为系统和深入地补充相关知识，在较短的时间内掌握网络空间安全技术的基本内容，以便为进一步学习网络空间安全理论及技术奠定良好的基础。

2. 英文简介

With the rapid development of computer technology, the security in cyberspace has attracted more and more attention. This course introduces the fundamental knowledge, theoretical basis, and important tools of cyberspace security theory and technology. For students majoring in cyberspace security, it is necessary to systematically and thoroughly supplement relevant knowledge, and master the basics of cyberspace security technology in a short period of time in order to lay a good foundation for further study of cyberspace security theory and technology.

5.8.2　教学目标

1. 课程定位及学习目标

通过本课程的学习使学生能掌握网络空间安全的原理。了解相关专业基础知识，以及将重要工具应用在网络空间安全场景中的基本方法。

2. 可测量结果

(1) 掌握现代网络空间安全的原理。

(2) 了解网络空间安全相关的基础知识。

(3) 熟悉一些在网络空间安全应用中使用这些知识和工具的方法。

(4) 了解一些比较常用的安全工具。

注：以上结果可以通过课堂讨论、课程作业以及考试等环节测量。

5.8.3 课程要求

1. 授课方式与课程要求

授课方式：①教师讲授（讲授核心内容、总结、按顺序提示今后内容、答疑等）；②课后阅读（按照课程内容顺序阅读课堂推荐书目及参考文献）；③期末考试。

课程要求：要求学生掌握网络空间安全的原理，了解相关专业基础知识，以及将重要工具应用在网络空间安全场景中的基本方法。

2. 考试评分与建议

课程作业占 25%，课程设计占 30%，期末考试占 45%。

5.8.4 教学安排

第 1 次：网络空间安全概述。
教学内容：

- 安全概述。
- 网络空间安全的背景及意义。
- 网络空间安全现状。
- 我国网络空间安全战略。
- 网络空间安全发展趋势。

第 2 次：密码学及应用。
教学内容：

- 对称密码。
- 非对称密码。
- Hash 密码与消息认证。
- 数字签名。
- 密码协议。
- 密钥管理。
- 多方密码协议。
- 密码学发展趋势。

第 3 次：物理与硬件安全。
教学内容：

- 电子电路硬件基础。
- 网络空间硬件与组成。
- 硬件与系统的物理安全。
- 硬件接口和分析工具简介。
- 外接设备监听与安全。
- 物理泄露与旁路和故障攻防。

- 硬件安全应用。

第 4 次：系统安全。

教学内容：

- 虚拟化技术。
- 用户身份认证机制。
- 基础安全机制。
- 操作系统安全。
- 系统安全监控。
- 强制安全机制。
- 可信性检查机制。
- 云与边缘计算环境安全。
- 移动系统安全。

第 5 次：软件安全。

教学内容：

- 软件分析方法。
- 恶意代码分析。
- 缓冲区溢出。
- 软件漏洞。
- 网络协议逆向分析。
- 安全编程技术。
- 软件保护技术。
- 软件安全测试。

第 6 次：网络安全。

教学内容：

- 网络安全概述。
- 网络空间中的网络模型与协议简介。
- 网络空间中的网络攻击定义和分类。
- 网络空间中的主要网络攻击简介。
- 网络空间中的主要网络防御手段。

第 7 次：物联网与工业控制安全。

教学内容：

- 物联网及工业控制概述。
- 物联网及工业控制安全威胁。
- 物联网及工业控制的安全体系。
- 感知安全。
- 位置隐私与保护。
- 控制安全。
- 物联网及工业控制安全的典型应用。

第 8 次：人工智能安全。

教学内容：

- 人工智能安全概论。
- 人工智能模型简述。
- 人工智能安全问题简述。
- 人工智能在网络空间安全上的应用。
- 对抗性样本攻击。
- 人工智能可证明性安全。

第 9 次：数据安全。

教学内容：

- 数据及大数据安全概述。
- 数据及大数据安全与隐私保护。
- 大数据安全技术框架。
- 安全存储与访问控制。
- 安全检索。
- 同态加密与安全多方计算。
- 社交网络与数据安全。

第 10 次：隐私保护与认证。

教学内容：

- 隐私与认证概述。
- 可信认证与隐私保护机制。
- 隐私保护方法。
- 隐私保护的主要应用。
- 可信认证技术。
- 认证协议及其安全性。

第 11 次：多媒体安全。

教学内容：

- 多媒体信息安全威胁。
- 多媒体安全技术。
- 多媒体安全的国际标准。
- 信息冗余与信息隐藏。
- 数字水印。
- 生物认证和生物模板安全。

第 12 次：网络空间安全治理。

教学内容：

- 主要介绍网络空间道德伦理、安全管控与空间治理。
- 网络空间中的道德价值观。
- 网络空间伦理要求、规范及关系调节。

- 网络空间伦理问题及后果。
- 网络空间安全制度及法规。
- 舆情分析与社交网络安全。
- 社交网络安全传播与风险管理。
- 电子商务安全。
- 支付安全。
- 情报查找、分类及分析方法。
- 信息关联与情报分析。

5.8.5 参考教材及相关资料

[1] 许春香,周俊辉.信息安全数学基础[M].成都:电子科技大学出版社,2008.
[2] 王继林.信息安全导论[M].西安:西安电子科技大学出版社,2012.

5.9 安全法律法规与伦理

课程名称:安全法律法规与伦理。
英文名称:Security Policies and Procedures,and Ethics。
学分:2.0。
周学时:周教学课时 2.0;周实验学时 0.0。
面向对象:本科生。
预修课程要求:无。

5.9.1 课程介绍

1. 中文简介

安全法律法规与伦理课程在介绍信息安全和法律相关基础上,重点分为三部分(信息系统安全保护相关法律法规、互联网安全管理相关法律法规以及其他有关信息安全的法律法规),结合典型案例,系统讲授我国信息安全的相关法律法规,分析了网络空间安全法律保护特征和法律体系,同时详细介绍了国内外与信息安全相关的主要标准,对现有网络空间安全法律体系进行深入解读。

2. 英文简介

Based on the introduction of information security and law, the course is mainly divided into three parts (information system security related laws and regulations, Internet security management related laws and regulations, and other information security laws and regulations). Combined with typical cases, this course systematically teaches relevant laws and regulations of information security in China, analyzes the legal protection characteristics and legal system of cyberspace security and introduces the main international and domestic standards related to information security in detail, so as to make an in-depth interpretation of the existing legal system of cyberspace security.

5.9.2　教学目标

1. 课程定位及学习目标

通过学习本课程,全面了解、掌握我国现行的信息安全法律法规与标准,了解现有的国际通行的一些信息安全管理标准,为今后从事信息安全策略和方案的制定提供依据。

2. 可测量结果

(1) 了解国内外的信息安全法律、法规和技术标准。

(2) 理解并掌握计算机网络环境和信息安全新形势下涌现的法律领域新问题的基本思考方法。

(3) 形成信息安全法律观念。

注:以上结果可以通过课堂讨论、课程作业和考试等环节测量。

5.9.3　课程要求

1. 授课方式与课程要求

授课方式:①教师讲授(讲授核心内容、总结、按顺序提示今后内容、答疑等);②课后阅读(按照课程内容顺序阅读课堂推荐书目及参考文献)。

课程要求:熟悉我国现行的信息安全法律法规与标准,了解现有的国际通行的一些信息安全管理标准。

2. 考试评分与建议

课程作业占 40%,期末考试占 60%。

5.9.4　教学安排

第 1 次:信息安全、立法、司法和执法组织。

教学内容:
- 信息安全概述。
- 信息安全涉及的法律问题。
- 立法。
- 司法组织。
- 执法组织。

第 2 次:信息系统安全保护法律规范。

教学内容:
- 信息系统安全保护法律概述。
- 我国信息系统安全保护法律规范。

第 3 次：信息系统安全保护相关法律法规。

教学内容：

- 《中华人民共和国计算机信息系统安全保护条例》。
- 《计算机信息网络国际联网安全保护管理办法》。
- 《信息安全等级保护管理办法》。

第 4 次：互联网络安全管理相关法律法规。

教学内容：

- 《中华人民共和国计算机信息网络国际联网管理暂行规定》。
- 《全国人民代表大会常务委员会关于维护互联网安全的决定》。
- 《互联网上网服务营业场所管理条例》。
- 《互联网信息服务管理办法》。
- 《互联网安全保护技术措施规定》。
- 《互联网电子邮件服务管理办法》。

第 5 次：其他有关信息安全的法律法规。

教学内容：

- 《计算机信息系统安全专用产品检测和销售许可证管理办法》。
- 《有关有害数据及计算机病毒防治管理办法》。
- 传播、制造有害数据及病毒违法行为的查处。

第 6 次：依法实践保障信息安全。

教学内容：

- 重点单位和要害部位信息系统安全管理。
- 信息安全管理制度。
- 网络安全管理员职责。
- 网络计算机用户行为规范。

第 7 次：我国的信息安全标准。

教学内容：

- 我国信息安全标准概述。
- 计算机信息系统安全保护等级划分简介。
- GB17859—1999《计算机信息系统安全保护等级划分准则》。
- GA/T390—2002《计算机信息系统安全等级保护通用技术要求》。
- GA/T391—2002《计算机信息系统安全等级保护管理要求》。
- 其他信息安全标准。

第 8 次：信息安全国际标准。

教学内容：

- 国际标准体系简介。
- BS 7799《信息安全管理标准》。
- ISO/IEC 17799:2005。
- ISO/IEC 27001:2005。

5.9.5 参考教材及相关资料

[1] 陈忠文,麦永浩.信息安全标准与法律法规[M].2 版.武汉:武汉大学出版社,2011.

[2] 黄波,刘洋洋.信息安全法律法规汇编与案例分析[M].北京:清华大学出版社,2012.

[3] 麦永浩.信息安全法教程[M].武汉:武汉大学出版社,2008.

5.10 现代博弈论基础与应用

课程名称:现代博弈论基础与应用。
英文名称:Fundamentals and Applications of Modern Game Theory。
学分:2.0。
周学时:周教学课时 2.0;周实验学时 0.0。
面向对象:低年级本科生。
预修课程要求:微积分、信息安全原理与数学基础、算法基础。

5.10.1 课程介绍

1. 中文简介

本课程面向理工科背景的本科生,需要学生具备微积分、概率学和算法基础(线性规划和 NP-hardness 等)知识。本课程从计算机科学的角度来介绍经济学、博弈论中的基本问题。更广义上说,本课程介绍多主题系统,研究多个智能主体之间交互,对这个领域提供计算机科学及博弈论基础,包括博弈论基本表示法、纳什均衡、正则形式的博弈、扩展式博弈、贝叶斯博弈和机制设计。此外,这门课还结合了互联网背景,介绍博弈论的典型应用和博弈模型的可计算性。

2. 英文简介

This course is for undergraduates in science and engineering, especially in computer background. It has calculus, probability, and algorithm basis (linear programming, NP-hardness, etc.). This course introduces some fundamental problem in economics and game theory from the viewpoint of computer science. More broadly, this course introduces multi-theme systems and studies the interaction between multiple intelligent agents. It provides a rigorous computer science and game theory foundation for this field, including basic representations of game theory, nash equilibrium, Normal form games, extensive form games, Bayesian games, and mechanism design. In addition, this course combines the background of the Internet to introduce typical applications of game theory and the computability of game models.

5.10.2　教学目标

1. 课程定位及学习目标

本课程涵盖博弈论的经典模型和思想,以及在现代场景下的应用,旨在通过学习博弈论中最基本、最重要的理论和方法,掌握博弈论基本概念、纳什均衡、纳什均衡的扩展与精炼、协调与谈判、合作博弈等知识的原理和概念等,从而可以基于博弈论对网络空间安全的主要问题进行分析,并具备将上述相关数学知识应用在网络对抗、系统对抗、社交网络安全等网络空间安全方向核心技术的能力和素质,达到能在博弈和计算机交叉学科领域独立科研的能力。

2. 可测量结果

(1) 掌握博弈论的基本概念和定义。
(2) 掌握纳什均衡的基本概念和模型以及相关学习算法。
(3) 掌握正则形式的博弈、扩展式博弈、贝叶斯博弈等模型和算法。
(4) 掌握机制设计模型和学习算法。
注:以上结果可以通过课堂讨论、课程作业、考试以及期末报告等环节测量。

5.10.3　课程要求

1. 授课方式与课程要求

授课方式:①教师讲授(讲授核心内容、总结、按顺序提示今后内容、答疑等);②期末考试。

课程要求:熟悉博弈论的基本概念,重点了解博弈的基本理论方法和关键算法,具备利用上述方法求解实际问题的基本应用能力。

2. 考试评分与建议

课程作业占 10%,期末考试占 40%,出勤考查占 10%,期末报告占 40%。

5.10.4　教学安排

第 1 次:博弈论简介。
教学内容:
- 博弈论介绍、概述及应用。
- 博弈论的典型模型。
- 博弈的分类及其要素。
- 纯战略纳什均衡及占优策略。

第 2 次:正则形式的博弈(1)。
教学内容:
- 零和博弈。

- 冯・诺依曼的极大极小定理的概念及证明。
- 同时博弈、纳什均衡定理与证明。

第3次：正则形式的博弈(2)。

教学内容：

- 混合策略纳什均衡。
- 拥塞博弈。
- 纳什均衡的存在性。
- 聚点均衡。

第4次：正则形式的博弈(3)。

教学内容：

- 相关均衡与演化理论。
- 有限次重复博弈均衡。
- 无限次重复博弈均衡。
- 一般博弈。

第5次：正则形式的博弈(4)。

教学内容：

- 多重纳什均衡及其选择。
- 重复剔除的占有均衡。
- 纯战略纳什均衡的应用。
- 混合战略纳什均衡的应用。
- 子博弈精炼纳什均衡。

第6次：贝叶斯博弈(1)。

教学内容：

- 贝叶斯博弈的定义。
- 贝叶斯博弈的战略。
- 贝叶斯博弈的时间顺序。
- 贝叶斯纳什均衡。

第7次：贝叶斯博弈(2)。

教学内容：

- 战略和均衡。
- 一般贝叶斯均衡。
- 贝叶斯博弈与混合战略均衡。

第8次：贝叶斯博弈(3)。

教学内容：

- 精炼贝叶斯均衡。
- 分离均衡。
- 混同均衡。

第9次：贝叶斯博弈(4)。

教学内容：

- 海萨尼转换。
- 准分离均衡。
- 不完全信息静态博弈均衡。

第 10 次：公共选择论。

教学内容：

- 表决方法介绍。
- 多数意志、投票悖论和 Arrow 定理。
- 空间投票模型：中间选民理论及拓展。
- 社会选择与公正。

第 11 次：拍卖（1）。

教学内容：

- 切蛋糕问题。
- 社会福利函数。
- 独立私有估价模型。
- 维克里拍卖。

第 12 次：拍卖（2）。

教学内容：

- 第一价格密封投标拍卖。
- 共有价值拍卖。
- 大型拍卖和信息聚合。
- 拍卖与机制设计。

第 13 次：Stackelberg 博弈。

教学内容：

- Stackelberg 模型。
- Stackelberg 理论。
- Stackelberg 寡头博弈。

第 14 次：机制设计（1）。

教学内容：

- 重要的概念——选择函数的性质和机制的性质。
- 显示性原则，激励相容性及直接显示机制——激励相容、防止策略性操纵和揭露原理。
- Vickrey-Clarke-Groves 机制——Groves 机制、Vickrey 拍卖和 Clarke 机制。

第 15 次：机制设计（2）。

教学内容：

- 不可能结果。
- 可能结果——高效率和强大的预算平衡，主导战略预算平衡与低效的分配，替代实施概念。

- 最优拍卖机制设计。

第 16 次：MPC Player（多方安全计算）。

教学内容：

- MPC 介绍。
- MPC 算法。
- 高效 MPC。

5.10.5 参考教材及相关资料

［1］ Martin J. Osborne，Ariel Rubinstein. A Course in Game Theory［M］. Cambridge：the MIT Press，1994.

［2］ Quang Duy Lã，Chew Y H，Soong B H.An Introduction to Game Theory［M］. Oxford：Oxford University Press，2005.

［3］ Y.Shoham， K. Leyton-Brown. Multiagent Systems：Algorithmic，Game-theoretic，and Logical Foundations［J］.Cambridge：Cambridge University Press，2010，41 (1)：34-37.

［4］ Andreu Mas-Colell，Michael D. Whinston，Jerry R. Green Microeconomic Theory［M］. Oxford：Oxford University Press，1995.

［5］ Nisan N，et al. Algorithmic game theory［J］. Communications of the ACM， 2009，53(7)：78-86.

5.11　软件逆向工程技术

课程名称：软件逆向工程技术。

英文名称：Software Reverse Engineering Technology。

学分：3.0。

周学时：周教学课时 3.0；周实验学时 0.0。

面向对象：高年级本科生。

预修课程要求：80x86 汇编语言或自学其内容。掌握 80x86 常用指令的含义及用法，能熟练运用汇编语言写程序且具备扎实的调试技能。

5.11.1　课程介绍

1. 中文简介

本课程旨在教授学生如何理解、修改、加密可执行文件中包含的机器代码。学习逆向工程的目标主要包括以下 4 个方面：①探索可执行文件的结构；②学习修改程序的技巧；③掌握软件加密的方法；④提高调试程序的能力。学习本课程将有助于培养学生较强的计算机系统设计和开发能力。

2. 英文简介

This course is supposed to teach students how to understand, modify and encrypt the machine code contained in an executable file. The target for learning reverse-engineering is as follows: ① To probe into the structure of an executable file; ② To learn the techniques for modifying an executable file; ③ To master the methods for software encryption; ④ To improve debugging capability. This course may help students construct prevailing design and development skills required in computer systems.

5.11.2　教学目标

1. 课程定位及学习目标

本课程是计算机科学与技术专业的专业选修课。其课程定位如图 5.1 所示。

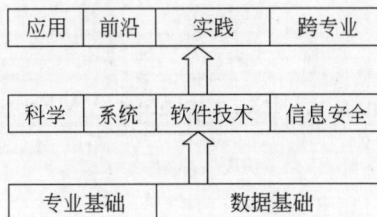

图 5.1　在计算机专业的定位

本课程所讨论的知识内容和提倡的技术方法,不仅有助于深入理解计算机底层相关概念,如地址、指针、堆栈、函数参数的传递方式、函数返回值等的本质含义,而且对于训练及培养大型程序的调试技能也起到基石的作用。建议在计算机语言类课程如 C 语言程序设计基础、C++程序设计基础、汇编语言程序设计基础之后修读本课程。本课程的主要任务包括以下 5 个方面:①掌握 DOS EXE 文件格式;②掌握 Windows EXE 文件格式;③掌握 ShellCode 的写法;④了解计算机病毒的原理;⑤掌握软件加密的各种方法。

2. 可测量结果

(1) 能编写程序对 DOS EXE 文件进行加密。

(2) 能编写程序对 Windows EXE 及 DLL 文件进行加密。

(3) 能对已加密的 Windows EXE 及 DLL 文件进行解密。

注:以上结果可以通过课堂讨论、课程作业、考试以及实验报告等环节测量。

5.11.3　课程要求

1. 授课方式与课程要求

授课方式:①教师讲授(讲授核心内容、总结、按顺序提示今后内容、答疑等);②课后阅读(按照课程内容顺序阅读课堂推荐书目及参考文献);③期末考试。

课程要求:要求学生学会理解、修改、加密可执行文件中包含的机器代码。

2. 考试评分与建议

课程作业占 40%,期末考试占 60%。

5.11.4 教学安排

本课程设计共安排 16 次上课、16 次实验。每次上课为 2 学时,实验为 1 学时。

第 1 次:逆向工程简介(1)。

教学内容:

- 逆向工程的发展历史。
- 调试器的发展历史。
- 静态反编译软件的发展历史。
- 逆向工程的常用方法。

实验 1:

- Debug 命令。
- 使用加密软件 PeCompact、UPX、Asprotect、VMProtect 对 EXE 文件进行加密。

第 2 次:逆向工程简介(2)。

教学内容:

- Windows 下常用加壳软件介绍。
- EXE 文件修改工具介绍。

实验 2:使用 OllyDBG、IDA Pro 和 Radare 分析某个软件注册码的计算过程。

第 3 次:DOS 的 EXE 文件格式及保护技术(1)。

教学内容:DOS 的 EXE 文件头格式。

实验 3:用 Turbo C 写一个 C 语言程序并编译成 EXE,再用 QuickView 工具打开此 EXE 文件分析文件头。

第 4 次:DOS 的 EXE 文件格式及保护技术(2)。

教学内容:什么是重定位。

实验 4:用 C 语言或汇编语言写一个程序,输出某个 DOS EXE 文件包含的重定位表。

第 5 次:DOS 的 EXE 文件格式及保护技术(3)。

教学内容:变量动态定位技术。

实验 5:编写 ShellCode 添加到某个 EXE 文件,此 ShellCode 的功能是先对原 EXE 文件进行重定位,再跳转到原 EXE 文件的入口。

第 6 次:DOS 的 EXE 文件格式及保护技术(4)。

教学内容:

- 单步中断技术。
- 如何加密 DOS EXE 文件。

实验 6：运用单步中断技术编写 ShellCode 对已加密的 DOS EXE 文件进行解密,要求解密一条指令运行一条指令,再对刚运行过的指令重新加密。

第 7 次：Windows PE 文件格式及保护技术(1)。

教学内容：

- PE 文件头格式。
- 输入表格式。

实验 7：编程输出某个 PE 文件中的输入表信息,包括 DLL 名以及 API 名。

第 8 次：Windows PE 文件格式及保护技术(2)。

教学内容：输出表格式。

实验 8：编程输出某个 DLL 文件中的输出表信息。

第 9 次：Windows PE 文件格式及保护技术(3)。

教学内容：重定位表格式。

实验 9：用 OllyDbg 跟踪一个已用 PeCompact 压缩过的 DLL 文件,分析 PeCompact 的 ShellCode 是如何对原 EXE 进行重定位的。

第 10 次：Windows PE 文件格式及保护技术(4)。

教学内容：

- 如何加壳。
- 如何手工脱壳。

实验 10：用 OllyDbg 跟踪一个已用 PeCompact 压缩过的 EXE,并对其脱壳。

第 11 次：Windows PE 文件格式及保护技术(5)。

教学内容：如何静态修改 EXE 使其载入一个 DLL 以扩充功能。

实验 11：用 QuickView 静态修改 EXE 使其载入一个 DLL 以扩充功能。

第 12 次：Windows PE 文件格式及保护技术(6)。

教学内容：如何动态修改内存中已载入的 EXE 以扩充功能。

实验 12：用 QuickView 工具软件打开某个 PE 文件,增加一个节,并在节内添加代码,以实现对原 PE 文件的功能扩充。

第 13 次：计算机病毒的原理(1)。

教学内容：

- DOS 环境下计算机病毒的原理及 Windows 环境下木马的原理。
- 中断拦截技术。

实验 13：编写一个 DOS 环境下运行的拦截 int 21h 中断的病毒。

第 14 次：计算机病毒的原理(2)。

教学内容：进程注入技术。

实验 14：编程把一个 DLL 注入当前正在运行的进程中。

第 15 次：代码混淆技术(1)。

教学内容：花指令技术。

实验 15：利用花指令技术对自己写的汇编语言代码进行代码混淆。

第 16 次：代码混淆技术(2)。

教学内容：虚拟机技术。

实验 16：利用虚拟机技术对自己编写的汇编语言代码进行代码混淆。

5.11.5 参考教材及相关资料

［1］ 段钢. 加密与解密［J］. 程序员,2003(9):54.

［2］ 罗云彬. Windows 环境下 32 位汇编语言程序设计［M］. 北京：电子工业出版社,2013.

5.12 密码学进阶

课程名称：密码学进阶。

英文名称：Advanced Cryptology。

学分：2.0。

周学时：周教学课时 2.0;周实验学时 0.0。

面向对象：高年级本科生。

预修课程要求：计算机网络、离散数学、线性代数、密码学。

5.12.1 课程介绍

1. 中文简介

本课程是一门面向信息安全、计算机科学与技术和软件工程等专业高年级本科生开设的专业选修课,该课程既具有一定的理论性,也具有一定的实践性。教学目标是使学生深入学习密码学相关的进阶知识,以及密码学的归约证明技巧和通用可组合安全模型,掌握交互式和非交互式零知识证明,区块链、安全多方计算和密码协议设计的基本原理和安全性分析。教学任务是培养学生独立建模密码协议的能力,以及分析证明复杂系统的安全性的能力。

2. 英文简介

This course is a specialized elective course for senior undergraduates majoring in information security, computer science and technology, and software engineering, which is both theoretical and practical. The teaching goal is to make students learn more advanced knowledge of cryptography, the reduction proof techniques of cryptography and the universally composable security model, master the interactive and non-interactive zero-knowledge proof, basic principles and safety analysis of blockchain, secure multi-party computation and cryptographic protocol design, systematic study can simulate proof standard and universal composable security model. The teaching task is to develop students' ability to model cryptographic protocols independently and to analyze and prove the security of complex systems.

5.12.2 教学目标

1. 课程定位及学习目标

本课程帮助学生从 5 个方面掌握密码学进阶的主要技术。

(1) 归约证明。系统介绍和掌握归约(Reduction)证明法,并深入学习其在密码学安全证明中的应用。

(2) 零知识证明。全面了解零知识证明,包括交互式和非交互式零知识证明的定义及基本构造方法;零知识证明的 Soundness 增强器;Fiat-Shamir 转换;SNARK 的构建;STARK 的构建。

(3) 区块链的构架及安全。介绍区块链及比特币;公有链和联盟链;掌握 Proof of Work 的特点;系统了解 Proof of Stake 的经典构造;系统介绍智能合约。

(4) 安全多方计算。介绍 Garble Circuit;介绍基于 Secret Sharing 的安全多方计算;掌握 Information Theoretical Security 和 Computational Security 的高效方案。

(5) 通用可组合安全模型。深入学习通用可组合(Universal Composability)安全模型;掌握如何定义 Ideal Functionality;掌握如何对任意密码协议进行分析并安全证明。

2. 可测量结果

通过课程的学习,学生能够掌握以下内容。

(1) 使用密码进阶技术解决一些进阶性的安全问题,会在具体密码协议场景中使用对应的安全分析和证明的知识。

(2) 掌握归约证明技巧,会熟练对任意可证明安全系统进行安全证明。

(3) 掌握零知识证明的基本知识,可以根据实际应用需求构建高效零知识证明。

(4) 掌握区块链的基本原理,能够对新型区块链系统的安全性和可行性进行评估。

(5) 掌握通用可组合安全模型,可以构建并分析简单密码协议。

注:以上结果可以通过课堂讨论、课程作业、考试以及期末报告等环节测量。

5.12.3 课程要求

1. 授课方式与课程要求

授课方式:①教师讲授(讲授核心内容、总结、按顺序提示今后内容、答疑等);②课后阅读(按照课程内容顺序阅读课堂推荐书目及参考文献);③期末考试;④期末报告。

课程要求:要求学生掌握计算机网络、离散数学和密码学的基础知识,包括计算机网络的体系架构、公钥密码以及密码学的基本概念等。学生也可以不必正式学过这些专业课程,可以是通过自学等方式了解上述概念即可参与本课程的学习。

2. 考试评分与建议

课程作业占 10%，期末考试占 80%，期末报告占 10%。

5.12.4　教学安排

第 1 次：安全证明以及归约法。

教学内容：
- 安全证明的主要方法。
- 归约方法的全面介绍。
- 归约法证明 DL、CDH 和 DDH 之间的相互关系。

第 2 次：零知识证明。

教学内容：
- 零知识证明的基本概念。
- 交互式零知识证明和 Schnorr 的 DL 证明。
- Fiat-Shamir 转换和 Schnorr 签名。

第 3 次：非交互式零知识证明。

教学内容：
- 非交互式零知识证明的基本概念。
- zk-SNARK 及 STARK 的基本构架介绍。
- Groth-Sahai 证明。

第 4 次：区块链。

教学内容：
- 区块链的基本介绍。
- 区块链的安全性定义。
- Proof of Work 和 Proof of Stake 主要协议介绍。

第 5 次：安全多方计算。

教学内容：
- 安全多方计算的介绍。
- Oblivious Transfer 不经意传输。
- Garble Circuit。

第 6 次：高效交集算法。

教学内容：
- Static、Adaptive 和 Mobile Security。
- 基于 Secret Sharing 安全多方计算。
- PSI 高效交集算法。

第 7 次：可组合安全模型。

教学内容：
- 可组合安全模型的必要性。

- 对协议的抽象。
- Ideal Functionality 的构建。

第 8 次：UC 建模及证明。

教学内容：
- Commitment 协议的 UC 建模及证明。
- Oblivious Transfer 协议的 UC 建模及证明。
- Signature 协议的 UC 建模及证明。

5.12.5　参考教材及相关资料

［1］ Jonathan Katz，Yehuda Lindell. Introduction to Modern Cryptography［M］. London：Chapman & Hall/CRC，2007.

［2］ Canetti R. Universal Composable Security：A New Paradigm for Cryptographic Protocols［C］. IEEE Symposium on Foundations of Computer Science，2001.

［3］ 施奈尔.应用密码学：协议、算法与 C 源程序［M］. 吴世忠，译.北京：机械工业出版社，2000.

［4］ 迈克尔·威尔森巴赫，韦尔施巴赫.密码学：C/C++ 语言实现［M］.杜瑞颖，等译.北京：机械工业出版社，2015.

5.13　区块链安全与数字货币原理

课程名称：区块链安全与数字货币原理。
英文名称：Blockchain Security and Digital Currency Principles。
学分：1.0。
周学时：周教学课时 1.0；周实验学时 0.0。
面向对象：高年级本科生。
预修课程要求：信息安全原理与数学基础、密码学。

5.13.1　课程介绍

1. 中文简介

本课程旨在教授学生理解区块链安全的基本原理，掌握常见的区块链安全技术以及常见的共识机制，从整体上讲解区块链的定义和安全属性等。学习本课程将有助于学生了解区块链与数字货币的历史与现状，理解常见的区块链平台以及数字货币的基本原理，掌握分析区块链智能合约的技术和工具。

2. 英文简介

The course aims to teach students the basic principles of blockchain security, master common blockchain security techniques and common consensus mechanisms, and explain the definition and security attributes of blockchains as a whole. Studying this course will help students understand the history and current situation of blockchain and digital currency, understand the common blockchain platform and the basic principles of digital currency, and master the techniques and tools for analyzing blockchain smart contracts.

5.13.2 教学目标

1. 课程定位及学习目标

本课程是网络空间安全本科专业选修课。本课程所讨论的知识涵盖智能合约的安全性分析、区块链平台通信安全、常见的数据货币实现原理以及安全性。本课程的主要教学任务包括以下几个方面：常见的区块链平台原理分析，公有链和联盟链的协议介绍和性能分析，常见的智能合约平台，智能合约安全威胁，数字货币原理以及安全性。

2. 可测量结果

通过课程的学习，学生能够掌握以下内容。
(1) 分析智能合约中的安全威胁。
(2) 熟悉智能合约分析工具。
(3) 了解数字货币合约以及审计合约的安全性。
注：以上结果可以通过课堂讨论、课程作业以及期末报告等环节测量。

5.13.3 课程要求

1. 授课方式与课程要求

授课方式：①教师讲授（讲授核心内容、总结、按顺序提示今后内容、答疑等）；②课后阅读（按照课程内容顺序阅读课堂推荐书目及参考文献）；③期末报告。

课程要求：要求学生理解区块链安全的基本原理，掌握常见的区块链安全技术以及常见的共识机制，从整体上理解区块链的定义和安全属性等。

2. 考试评分与建议

期末报告占 100%。

5.13.4 教学安排

第 1 次：区块链平台介绍。
教学内容：
• 区块链平台的概念。
• 常见的区块链平台。
• 区块链中的软件架构。
• 区块链中使用的密码学知识以及共识机制。

第 2 次：以太坊智能合约。

教学内容：

- 以太坊平台的基本概念，包括交易和交易费用等。
- 以太坊虚拟机介绍。
- 以太坊智能合约开发介绍。

第 3 次：以太坊智能合约安全性——可重入。

教学内容：

- 以太坊智能合约安全性基本原理。
- 常见的以太坊智能合约安全性事件介绍。
- 可重入威胁原理。
- 可重入漏洞的利用方法和检测方法。

第 4 次：以太坊智能合约安全性——算术溢出。

教学内容：

- 算术溢出的基本原理。
- 算术溢出的检测方法。
- 算术溢出的实际案例。
- 算出溢出的合约利用方法。

第 5 次：以太坊智能合约安全性——合约自动化分析。

教学内容：

- 以太坊智能合约安全性自动化分析原理。
- 自动化分析中的控制流/数据流分析。
- 不同类型的漏洞建模。

第 6 次：以太坊智能合约安全性——数据溯源。

教学内容：

- 数据溯源的基本概念。
- 基于以太坊的图数据库构建。
- 基于以太坊的数据溯源。

第 7 次：联盟链的主要技术与性能分析。

教学内容：

- Permissioned 链的基本系统 Setup 和实现目标。
- 经典以及最新高效 BFT 协议。
- 常见联盟链的技术分析：Hyper Ledger 和 RS Coin。

第 8 次：公链的主要技术与性能分析。

教学内容：

- Permissionless 链的基本系统假设和实现目标。
- Proof of Work 和 Proof of Stake。
- 最新 Proof of Stake 公链的技术分析：Algorand、Snow White、Ouroboros 和 iChing。

- 其他共识机制,例如 Proof of Space。

5.13.5　参考教材及相关资料

[1]　The ACM Symposium on Operating Systems Principles[EB/OL].[2019-10-30].http://sosp.org/.

[2]　USENIX Symposium on Operating Systems Design and Implementation[EB/OL].[2018-10-10].https://www.usenix.org/conferences/byname/179.

[3]　IEEE Symposium on Security and Privacy & IEEE European Symposium on Security and Privacy[EB/OL].[2019-06-19].http://www.ieee-security.org/TC/SP-Index.html.

[4]　USENIX SECURITY SYMPOSIA[EB/OL].[2019-08-16].http://www.usenix.org/events/bytopic/security.html.

[5]　ACM Special Interest Group on Security,Audit and Control[EB/OL].[2018-07-14].http://www.acm.org/sigsac/ccs.html.

[6]　The Internet Society. NDSS 2016 Grants Distinguished Papers Awards[EB/OL].[2016-02-23].http://www.isoc.org/isoc/conferences/ndss/.

5.14　安全多方计算

课程名称:安全多方计算。

英文名称:Secure Multi-Party Computation。

学分:1.0。

周学时:周教学课时 1.0;周实验学时 0.0。

面向对象:高年级本科生。

预修课程要求:线性代数、密码学。

5.14.1　课程介绍

1. 中文简介

安全多方计算是解决一组互不信任的参与方之间保护隐私的协同计算问题,主要是针对无可信第三方的情况下,如何安全地计算一个约定函数的问题,同时要求每个参与主体除了计算结果外不能得到其他实体任何的输入信息。本课程旨在介绍安全多方计算的概念、设计模型与主要协议,提高学生掌握密码学知识与设计协议的能力。

2. 英文简介

Secure Multi-party Computation(SMC) is a collaborative computing problem that solves the privacy protection between a group of mutually untrusted participants. It is mainly designed for the problem of how to calculate an agreed function in the case of a non-trusted third party safely, with the condition that each participant knows nothing about the input information other than the calculation result. This course is aimed to introduce the concepts, model design and protocols of secure multi-party computation, and improve students' cryptography knowledge and protocol design abilities.

5.14.2　教学目标

1. 课程定位及学习目标

通过本课程的学习,学生能掌握安全多方计算的概念、模型设计方案与一些经典协议,了解安全多方计算的实际意义安全应用,针对不同的攻击者模型掌握对应方案,了解经典的应用场景与协议。

2. 可测量结果

(1) 掌握安全多方计算的理论与应用。
(2) 熟悉安全多方计算的模型。
(3) 了解常用的安全多方计算协议。

5.14.3　课程要求

1. 授课方式与课程要求

授课方式:①以多媒体形式课堂讲授(讲授核心内容、总结、按顺序提示今后内容、答疑、公布讨论主题等);②课后阅读(按照课程内容顺序阅读课堂推荐书目及参考文献);③期末考试。

课程要求:要求学生掌握安全多方计算相关专业知识、实际意义与安全应用。

2. 考试评分与建议

课程作业占 25%,期末考试占 70%,出勤考查占 5%。

5.14.4　教学安排

第 1 次:课程介绍。
教学内容:
- 隐私与信任。
- 多方计算。
- 安全多方计算的应用。

第 2 次:数学与密码学基础。
教学内容:
- 线性代数。
- 随机变量与随机变量族。
- 互动系统。

- 公钥密码系统。

第 3 次：安全多方计算模型设计。

教学内容：

- UC 模型。
- 攻击者模型与攻击方法分析。
- 自适应与静态安全。

第 4 次：被动安全的安全多方计算协议。

教学内容：

- 秘密共享。
- 被动安全协议。
- 腐败边界的优化。

第 5 次：信息模型上鲁棒的安全多方计算协议。

教学内容：

- 同构承诺模型与一些辅助协议。
- 针对攻击者的安全功能评估协议。
- 同构承诺的实现。
- 腐败界限的最终结果与最优性分析。

第 6 次：通用线性秘密共享计划中的安全多方计算协议。

教学内容：

- 同构承诺模型与一些辅助协议。
- 针对攻击者的安全功能评估协议。
- 同构承诺的实现。
- 腐败界限的最终结果与最优性分析。

第 7 次：加密的安全多方计算协议。

教学内容：

- 多数诚实的案例分析。
- 多数不诚实的案例分析。

第 8 次：常用安全多方计算技术。

教学内容：

- 随机化电路。
- 超可逆矩阵。
- 打包的秘密共享。
- 预处理模型中的信息理论协议。

5.14.5　参考教材及相关资料

Cramer R，Damgard I B，Nielsen J B. Secure Multiparty Computation and Secret Sharing[M].London：Cambridge University Press，2015.

5.15 量子密码

课程名称：量子密码。

英文名称：Quantum Cryptography。

学分：1.0。

周学时：周教学课时 1.0；周实验学时 0.0。

面向对象：高年级本科生。

预修课程要求：概率论与数理统计、密码学。

5.15.1 课程介绍

1. 中文简介

本课程旨在介绍量子密码的原理与特性，帮助学生熟悉量子在信息传输中的相关知识，了解量子在密码生成、密钥分配和安全认证方面的作用。本课程将有助于学生了解量子与量子密码的原理与应用，对量子密码这一新兴前沿学科有更深入的认识。

2. 英文简介

This course is aimed to introduce the principles and characteristics of quantum cryptography to students, and help them familiarize with the knowledge of quantum in information transmission and its role in cryptography. Besides the role of quantum in password generation, key distribution, and authentication, this course can help student to learn more knowledge about the principle and applications of the quantum cryptography, and achieve a deeper understanding of the emerging frontier disciplines.

5.15.2 教学目标

1. 课程定位及学习目标

通过本课程的学习，学生能了解量子密码的基本原理，熟悉量子计算在安全通信上的应用，掌握量子密码的应用方法与优势，对量子密码学这一前沿学科有更深入的理解。

2. 可测量结果

(1) 了解量子的物理特性、安全通信上的量子信息与量子工具。

(2) 熟悉量子密码分配协议与量子密码在安全上的优势。

(3) 了解量子密码在现代社会中的应用。

5.15.3　课程要求

1. 授课方式与课程要求

授课方式：①教师讲授(讲授核心内容、总结、按顺序提示今后内容、答疑等)；②课后阅读(按照课程内容顺序阅读课堂推荐书目及参考文献)；③期末考试。

课程要求：要求学生掌握量子密码的原理,了解相关专业基础知识,以及将重要工具应用在网络空间安全场景中的基本方法。

2. 考试评分与建议

期末考试占70%,出勤考查占30%。

5.15.4　教学安排

第1次：密码与量子密码。
教学内容：
- 密码学简介。
- 量子密码的起源与发展。
- 量子信息与量子工具。

第2次：量子比特的物理与数学性质。
教学内容：
- 希尔伯特空间。
- 经典比特与量子比特。
- 量子比特的数学性质。
- 量子比特的物理性质。

第3次：量子密钥。
教学内容：
- 经典密钥分配。
- 量子密码分配协议(BB84、B92和EPR)。
- 量子密钥分配的通信模型。

第4次：量子密码体制。
教学内容：
- 经典密码体制与量子密码体制。
- 量子对称密码算法。
- 量子公钥密码算法。

第5次：量子认证。
教学内容：
- 基于经典密钥与量子密钥的认证系统。
- 不依赖于第三方的量子身份认证系统。

- 量子签名与仲裁方法。
- 量子信道认证。

第 6 次：量子安全协议。

教学内容：

- 安全两方与多方计算。
- 量子货币。
- 量子比特承诺。

第 7 次：量子密码系统的安全性。

教学内容：

- 隐私放大与随机抽取。
- 量子不确定性带来的安全性。
- 嘈杂环境下的密钥分配与储存。

第 8 次：复习。

教学内容：复习所学知识。

5.15.5　参考教材及相关资料

曾贵华. 量子密码学[M]. 北京：科学出版社，2006.

5.16　硬件安全基础

课程名称：硬件安全基础。

英文名称：Introduction to Hardware Security。

学分：2.5。

周学时：周教学课时 2.5；周实验学时 0.0。

面向对象：高年级本科生（建议三年级）。

预修课程要求：数学基础、编程基础、密码学、微控制器和 FPGA 开发相关课程。

5.16.1　课程介绍

1. 中文简介

当前，包括嵌入式设备和通用处理器在内的各级系统都需要通过硬件支持的安全机制来提高整体的安全性能。硬件本身的实现机理、泄露原理、攻击手段和防御措施等，都与传统的软件层面的攻防有很大的不同。本课程是硬件安全的入门课程，主要介绍旁路攻击、故障攻击、相关防御、物理不可克隆函数、硬件木马和微架构攻击的基本概念。

2. 英文简介

Nowadays, the enhancement of the overall system security lies on the support from underlying hardware, which applies to different levels of security requirements and different types of systems, such as embedded system and general purpose processors. The hardware related security mechanisms are quite different from those at the software levels, including implementation method, leakage mechanism, attacks and countermeasures, etc. This course servers as an entry-level one to hardware security. The topics will include: side channel attacks, fault attacks, countermeasures, PUF, hardware Trojan, micro-architecture attacks and more.

5.16.2　教学目标

1. 课程定位及学习目标

通过本课程的学习,学生能掌握硬件安全的原理。了解功耗、电磁、时间、缓存命中和失效等物理信息泄露的基本原理,掌握简单分析、差分分析和代数分析等基本分析方法,了解针对智能卡、FPGA 和 ASIC 芯片等实际攻击流程,并知晓其他高级的硬件安全相关知识。

2. 可测量结果

(1) 掌握旁路分析和故障分析的原理。
(2) 熟悉不同形式的安全评估分析方法。
(3) 了解一些比较常用的硬件安全平台。

5.16.3　课程要求

1. 授课方式与课程要求

授课方式：①教师讲授(讲授核心内容、总结、按顺序提示今后内容、答疑、公布讨论主题等);②课后阅读(按照课程内容顺序阅读课堂推荐书目及参考文献);③期末考试。
课程要求：课后阅读和团队合作(按照章节内容和课堂提出的公开问题进行课后阅读、讨论);期末考试或者提交研究报告。

2. 考试评分与建议

课程作业占 55%,期末考试占 40%,出勤考查占 5%。

5.16.4　教学安排

第 1 次：密码学和数学基础。
教学内容：
- 硬件安全简介。
- 密码学基础(群、环和域)。
- 非对称加密算法。
- 对称加密算法。
- 相关安全应用。

第 2 次：硬件基础。

教学内容：

- CMOS 工艺和大规模集成电路原理。
- 微控制器。
- 可编程逻辑阵列。
- 专用集成电路。

第 3 次：密码算法实现。

教学内容：

- AES 算法的 S-Box 实现。
- AES 算法的 T-Box 实现。
- AES-NI 专用指令集。

第 4 次：功耗/电磁分析入门。

教学内容：

- 针对 ECC 的简单功耗分析。
- 针对 ECC 的差分功耗分析。
- 针对 DES 的差分功耗分析。
- 针对 AES 的差分功耗分析。

第 5 次：功耗分析案例研究。

教学内容：

- 针对 7816 智能卡的功耗攻击。
- 针对 USIM 卡的功耗攻击。

第 6 次：时间攻击。

教学内容：基于缓存的时间模板分析。

第 7 次：故障攻击简介。

教学内容：

- 计数器攻击。
- 差分故障分析。
- 持久性故障分析。

第 8 次：基于代数的高级旁路和故障分析技术。

教学内容：

- 代数解析器简介。
- 基于代数的旁路分析。
- 基于代数的故障分析。

第 9 次：相关防御方法。

教学内容：

- 旁路防御方法。
- 故障防御方法。

第 10 次：微架构攻击。

教学内容：

- 缓存攻击。
- Rowhammer 攻击。
- Page Fault 攻击。
- Branch 攻击。

第 11 次：高级微架构攻击。

教学内容：

- 熔断攻击。
- 幽灵攻击。
- 基于硬件性能计数器的相关攻击。

第 12 次：物理不可克隆函数。

教学内容：

- PUFs 和 TRNGs。
- Silicon PUF。
- RO-PUF。

第 13 次：硬件木马。

教学内容：

- 硬件木马的基本原理。
- 触发逻辑和有效载荷逻辑。
- 基于逻辑的木马相关检测。
- 基于旁路的木马相关检测。

本课程实际安排课程为 16 节。剩余 3 节可以作为习题课、复习课或者邀请特邀嘉宾做主题演讲。

5.16.5　参考教材及相关资料

［1］　郭世泽，王韬，赵新杰，等.密码旁路分析原理与方法［M］.北京：科学出版社,2014.

［2］　裴依，腾斯托尔，等.密码故障分析与防护［M］.北京：科学出版社,2015.

［3］　Joye M，Tunstall M. Fault Analysis in Cryptography［M］.Berlin：Springer-Verlag,2012.

［4］　冯登国，周永彬，刘继业，等.能量分析攻击［M］.北京：科学出版社,2010.

［5］　Mangard S，Oswald E，Popp T，et al.Power Analysis Attacks：Revealing the Secrets of Smart Cards（Advances in Information Security）［J］. Berlin：Springer-Verlag,2007.

5.17　存储安全及数据备份与恢复

课程名称：存储安全及数据备份与恢复。

英文名称：Storage Security，Data Backup and Recovery。

学分：1.0。

周学时：周教学课时 1.0；周实验学时 0.0。

面向对象：高年级本科生。

预修课程要求：计算机组成。

5.17.1 课程介绍

1. 中文简介

本课程旨在介绍数据文件的存储架构、硬件与系统在数据存储中的安全隐患与保护机制，教授学生数据备份与恢复常用方法，使学生了解数据存储的方法，掌握数据存储的安全知识，熟悉数据备份与恢复的方法。

2. 英文简介

This course is aimed to introduce the storage architecture of data files, the security risks and protection mechanisms of hardware and systems in data storage, and teach students common methods of data backup and recovery. This course can help students to have a deep understand on the methods of data storage, the security of data storage, and the methods of data backup and recovery.

5.17.2 教学目标

1. 课程定位及学习目标

通过本课程的学习，学生能了解硬件数据存储的架构，掌握数据存储的安全知识与保护策略，熟悉数据备份与恢复的方法。

2. 可测量结果

(1) 掌握数据在硬件中的储存形式。

(2) 熟悉不同硬件对于数据存储与传输的协议。

(3) 了解数据存储传输中的安全问题与保护策略。

(4) 了解数据备份与恢复的方法。

5.17.3 课程要求

1. 授课方式与课程要求

授课方式：①教师讲授(讲授核心内容、总结、按顺序提示今后内容、答疑等)；②课后阅读(按照课程内容顺序阅读课堂推荐书目及参考文献)；③期末考试。

课程要求：要求学生了解硬件数据存储的架构，掌握数据存储的安全知识与保护策略，熟悉数据备份与恢复的方法。

2. 考试评分与建议

课程作业占 25%,期末考试占 70%,出勤考查占 5%。

5.17.4 教学安排

第 1 次:数据存储原理概述。

教学内容:

- 信息与数据。
- 数据存储(文件与硬盘)。

第 2 次:硬盘技术。

教学内容:

- 硬盘技术概述。
- 硬盘队列与缓存技术。
- 硬盘接口方式。
- 硬盘与闪存。

第 3 次:闪存技术。

教学内容:

- 闪存技术概述。
- SSD 电子硬盘。
- SSD 电子接口。

第 4 次:文件存储技术。

教学内容:

- 计算机分区与格式化。
- 文件系统与存储。
- Linux 文件系统与恢复。

第 5 次:系统数据安全。

教学内容:

- Windows 数据安保。
- Windows 文件与文档修复。
- Windows 架构中的备份与恢复(密码、系统工具和系统配置)。

第 6 次:高级存储技术。

教学内容:

- 磁盘阵列与数据安全。
- 网络存储技术与设备。
- 数据中心的构建与管理。

第 7 次:磁盘数据恢复。

教学内容:

- 磁盘数据的恢复原理。

- 硬盘故障的紧急救助与修复。
- 其他存储设备的数据恢复。
- 磁盘的日常管理与维护。

第 8 次：复习。

教学内容：复习所学知识。

5.17.5　参考教材及相关资料

卜海兵,徐明远,杨宏桥,等.数据存储、恢复与安全应用实践[M].北京：中国铁道出版社,2012.

5.18　电子取证

课程中文名称：电子取证。

课程英文名称：Digital Forensics。

学分：2.5。

周学时：周教学课时 2.0；周实验学时 1.0。

面向对象：高年级本科生。

预修课程要求：无。

5.18.1　课程介绍

1. 中文简介

本课程讲授计算机取证的原则和基本法律法规理念,全面介绍计算机取证的基本原理与技术,结合若干案例帮助学生全面理解计算机取证。重点内容包括计算机取证概论、计算机取证基础、计算机取证的法学问题、计算机取证技术、Windows 系统取证、Linux 系统取证、网络环境下的计算机取证、计算机取证案例和计算机取证课程实践等。

2. 英文简介

This course presents an overview of the principles and practices of digital investigation. The objective of this class is to emphasize the fundamentals and importance of digital forensics. Students will learn different techniques and procedures that enable them to perform a digital investigation. This course focuses mainly on the analysis of physical storage media and volume analysis. It covers the major phases of digital investigation such as preservation, analysis and acquisition of artifacts that reside in hard disks and random access memory. The objective of this class is to emphasize the importance of digital forensics, and to prepare students to conduct a digital investigation in an organized and systematic way. This course will provide theoretical and practical knowledge, as well as current research on Digital Forensics. Upon completion of the course, students can apply open-source forensics tools to perform digital investigation and understand the underlying theory behind these tools.

5.18.2 教学目标

1. 课程定位及学习目标

通过本课程的学习,学生能够熟悉和了解有关电子取证的相关技术方法和过程,初步掌握网络犯罪与计算机取证的基本理论、基本方法、基本技术及其在司法实践中的应用情况;增强对学习内容的感性认识和实践动手能力,从而为理论联系实际地运用于实际工作做好基本的技能准备。

2. 可测量结果

(1)了解和熟悉计算机取证的基本流程以及具体涉及的方面,如数据获取方法与技术、数据分析方法与技术等。

(2)掌握一些常见的工具软件的使用方法和技能,理解易失性数据的获取、数据恢复、数据的加密与解密等在计算机取证工作中的重要性。

(3)利用计算机取证软件进行数据获取和数据分析。

注:以上内容可以通过作业、课堂测验和期末考试等测量。

5.18.3 课程要求

1. 授课方式与课程要求

授课方式:①教师讲授(讲授核心内容、总结、按顺序提示今后内容、答疑等);②课后阅读(按照课程内容顺序阅读课堂推荐书目及参考文献);③期中考试;④期末考试。

课程要求:熟悉和了解有关电子取证的相关技术方法和过程,增强学生对学习内容的感性认识和实践动手能力。

2. 考试评分与建议

课程作业占 20%,期末考试占 60%,课程实验占 20%。

5.18.4 教学安排

第 1 次:计算机取证概述(1)。

教学内容:

- 数字取证与计算机犯罪概述。
- 计算机犯罪调查的历史及其发展。
- 计算机取证技术与犯罪调查的关系。

第 2 次:计算机取证概述(2)。

教学内容:

- 法庭上的数字证据。

- 授权、证据的真实性和可靠性。
- 直接证据和间接证据。

第 3 次：计算机取证基础知识(1)。

教学内容：
- 存储介质。
- 文件系统。
- 数据加密。
- 数据隐藏。
- 数据恢复技术。

第 4 次：计算机取证基础知识(2)。

教学内容：
- 反向工程技术。
- 计算机入侵手段。
- 入侵追踪。

第 5 次：计算机取证技术相关的法学问题(1)。

教学内容：
- 计算机取证的法学依据。
- 安全事件报告。

第 6 次：计算机取证技术相关的法学问题(2)。

教学内容：
- 司法鉴定。
- 计算机取证与电子数据鉴定。

第 7 次：计算机取证的原理及工作过程(1)。

教学内容：
- 取证前的准备工作。
- 现场信息采集。
- 取证原则。

第 8 次：计算机取证的原理及工作过程(2)。

教学内容：
- 证据检验、分析及推理。
- 取证报告撰写。

第 9 次：Windows 系统下的计算机取证(1)。

教学内容：
- Windows 文件系统。
- 获取证据和数据证据处理工作。

第 10 次：Windows 系统下的计算机取证(2)。

教学内容：
- Windows 下的数据恢复。

- 日志查看。
- 文件系统跟踪。
- 注册表、网络流和程序分析。

第 11 次：UNIX/Linux 系统下的计算机取证(1)。

教学内容：

- UNIX/Linux 文件系统。
- UNIX/Linux 获取证据技术。
- UNIX/Linux 数据处理工具。

第 12 次：UNIX/Linux 系统下的计算机取证(2)。

教学内容：

- UNIX/Linux 日志查看。
- UNIX/Linux 数据恢复。
- UNIX/Linux 文件系统跟踪。
- UNIX/Linux 程序文件和网络分析。

第 13 次：网络环境下的计算机取证(1)。

教学内容：

- 网络技术概述。
- 网络上识别数据、文档化、收集及保存。
- 数据推理、证据分析、评价和结果报告。

第 14 次：网络环境下的计算机取证(2)。

教学内容：

- IP 数据包。
- TCP 和 UDP 报文。
- Internet 服务。
- 网络匿名。
- 电子邮件伪造。

第 15 次：案例分析。

教学内容：

- 网络入侵案。
- 电子邮件不当使用。
- 金融网络犯罪。

第 16 次：计算机取证实践。

教学内容：

- 易失性数据的收集(PsTools 工具包的使用)。
- 磁盘数据映像备份。
- 恢复已删除的数据。
- 数据的加密与解密。
- 用综合取证工具收集分析证据。

- 网络监视和通信分析。

5.18.5 参考教材及相关资料

陈龙. 计算机取证技术[M]. 武汉：武汉大学出版社，2007.

5.19 面向网络空间安全的信号处理

课程名称：面向网络空间安全的信号处理。
英文名称：Signal Processing for Cyberspace Security。
学分：2.0。
周学时：周教学课时 1.5；周实验学时 1.0。
面向对象：高年级本科生。
预修课程要求：微积分、线性代数、概率论。

5.19.1 课程介绍

1. 中文简介

本课程涉及 8 方面的内容。

（1）信号与系统基础：阶跃信号与冲激信号，线性时不变系统和卷积。

（2）傅里叶变换与傅里叶级数：周期信号的傅里叶级数分析，傅里叶变换原理和基本性质，采样定理。

（3）信号的向量空间分析：信号向量空间的基本概念，信号的正交函数分解，相关能量谱和功率谱。

（4）随机变量：随机变量的分布函数，概率密度和数字特征，朴素贝叶斯法。

（5）随机过程：平稳随机过程，随机过程的联合分布和互相关函数，随机过程的功率谱密度。

（6）马尔可夫过程与马尔可夫模型：马尔可夫链的转移概率及矩阵，马尔可夫过程，隐马尔可夫模型。

（7）降维与度量学习：线性降维、非线性降维和距离度量。

（8）信号处理在信息安全中的应用：物联网安全、认知无线电安全和智能电网安全等。

2. 英文简介

This course mainly includes eight parts.

（1）Signal and System Foundation: step signal and impulse signal, linear time invariant system, convolution.

（2）Fourier Transform and Fourier Series: Fourier series analysis of periodic signals, Fourier transform principle and basic properties, sampling theorem.

（3）Signal Vector Space Analysis: basic concept of signal vector space, orthogonal function decomposition of signal, correlation, energy spectrum and power spectrum.

(4) Random Variables: distribution function of random variables, probability density and numerical characteristics, naive Bayesian method.

(5) Stochastic Procses: stationary stochastic process, combined distribution of stochastic process and correlation functions, power spectral density of stochastic process.

(6) Markov Process and Markov Model: Markov chain transfer probability and matrix, Markov process, hidden Markov model.

(7) Dimension Reduction and Measurement Learning: linear dimension reduction, nonlinear dimension reduction, distance metrics.

(8) Application of Signal Processing for Information Security: IoT security, cognitive radio security, smart grid security, etc.

5.19.2 教学目标

1. 课程定位与学习目标

信号在网络空间安全研究中扮演着重要的角色,其包括但不限于图像信号、电信号、语音信号、人体生理信号和电磁信号等。本课程主要为网络空间安全专业的高年级本科生准备,课程主要涵盖信号与系统基础,随机信号分析与处理,以及统计学习等相关内容,目标是为高年级本科生在信息安全研究领域开展与信号处理相关的研究打下坚实的基础。该课程还包括信号处理在信息安全科研中的典型案例,涉及物联网安全、无线通信安全和智能电网安全等。本课程要求学生了解有关信号处理的基础理论和现有技术,培养学生应用信号分析与处理来解决实际问题的能力。

2. 可测量结果

(1) 理解傅里叶变换和频域的概念,并能够利用频谱特性进行相关信号分析。

(2) 熟悉向量空间分析的概念,掌握相应的分析方法。

(3) 区分随机变量和随机过程,了解隐马尔可夫模型的作用及应用场合。

(4) 掌握各种数据降维的手段,能够评估和比较不同方法的有效性。

(5) 了解信号分析与处理在信息安全科研前沿的相关应用。

注:以上结果可以通过课堂讨论、课程作业、考试以及期末实验报告等环节测量。

5.19.3 课程要求

1. 授课方式与课程要求

授课方式:①教师讲授(讲授核心内容、总结、按顺序提示今后内容、答疑等);②课后阅读(按照课程内容顺序阅读课堂推荐书目);③期中考试;④期末考试;⑤课程实验。

课程要求:熟悉基本知识,掌握信号与系统、随机信号分析与处理的基本理论和系统的分析方法,熟悉用 MATLAB/Python 等编程语言进行信号与系统分析及信号处理,学会用信号处理这一工具解决信息安全、物联网安全研究中的相关应用问题。

2. 考试评分与建议

课程作业占 20％,期中考试占 20％,期末考试占 40％,课程实验占 20％。

5.19.4　教学安排

第 1 次:课程简介。

教学内容:

- 课程背景。
- 课程主要内容与考评方式。
- 信号的描述与分类。

第 2 次:信号与系统。

教学内容:

- 阶跃信号与冲激信号。
- 系统模型及其分类。
- 基本系统性质。

第 3 次:连续时间系统的时域分析。

教学内容:

- 线性时不变系统。
- 卷积。
- 卷积的性质。

第 4 次课:傅里叶级数。

教学内容:

- 傅里叶级数的来源。
- 周期信号的傅里叶级数分析。
- 典型周期信号的傅里叶级数。

第 5 次课:傅里叶变换。

教学内容:

- 傅里叶变换的原理。
- 傅里叶变换的基本性质。
- 采样定理。

第 6 次课:傅里叶变换在实际中的应用。

教学内容:

- 滤波。
- 调制与解调。
- 采样。

第 7 次课:信号向量空间分析(1)。

教学内容:

- 信号向量空间的基本概念。
- 信号的正交函数分解和完备正交函数集。

第 8 次课：信号向量空间分析(2)。

教学内容：

- 相关。
- 能量谱和功率谱。
- 匹配滤波器。

第 9 次课：随机变量基础。

教学内容：

- 随机变量的分布函数与概率密度。
- 多维随机变量及分布。
- 随机变量的数字特征。

第 10 次课：随机变量的函数。

教学内容：

- 一维随机变量函数的分布。
- 多维随机变量函数的分布。
- 随机变量函数的数字特征。

第 11 次课：多维正态随机变量。

教学内容：

- 二维正态随机变量。
- 多维正态随机变量。
- 正态随机变量的线性变换。

第 12 次课：朴素贝叶斯法。

教学内容：

- 全概率公式和贝叶斯公式。
- 朴素贝叶斯的学习与分类。
- 朴素贝叶斯法的参数估计。

第 13 次课：随机过程的统计描述。

教学内容：

- 随机过程的基本概念和定义。
- 平稳随机过程。
- 随机过程的联合分布和互相关函数。

第 14 次课：随机过程的功率谱密度。

教学内容：

- 连续时间随机过程和随机序列的功率谱。
- 互功率谱。
- 非平稳随机过程的功率谱。

第 15 次课：典型随机过程。

教学内容：

- 白噪声。
- 正态随机过程。
- 信号处理实例。

第 16 次课：马尔可夫过程。

教学内容：

- 马尔可夫链的转移概率及矩阵。
- 马尔可夫过程。
- 隐马尔可夫模型。

第 17 次课：估计理论。

教学内容：

- 贝叶斯估计。
- 最大似然估计。
- 线性最小均方估计。
- 最小二乘估计。

第 18 次课：检测理论。

教学内容：

- 判决准则。
- 复合假设检验。
- 多元假设检验。

第 19 次课：线性降维。

教学内容：

- K 近邻学习。
- 低维嵌入。
- 线性判别分析。
- 主成分分析。

第 20 次课：非线性降维。

教学内容：

- 核化线性降维。
- 流形学习。
- 度量学习。

第 21 次课：距离度量。

教学内容：

- 欧氏距离和曼哈顿距离。
- 动态时间规整。
- 搬土距离。

第 22 次课：信号处理在物联网安全与生物特征识别中的应用。

教学内容：

- 物联网应用案例。
- 生物识别案例。

第 23 次课：信号处理在认知无线电安全和智能电网安全中的应用。

教学内容：

- 认知无线电安全应用案例。
- 智能电网安全应用案例。

第 24 次课：期末复习。

教学内容：复习所学知识。

第 9 周：期末考试。

5.19.5　参考教材及相关资料

[1]　罗鹏飞,张文明,等. 随机信号分析与处理[M]. 北京：清华大学出版社,2006.

[2]　Simon Haykin,Barry Van Veen,et al.信号与系统[M]. 北京：电子工业出版社,2004.

[3]　Theodore S. Rappaport,et al.无线通信原理与应用[M]. 北京：电子工业出版社,1998.

5.20　入侵检测与网络防护技术

课程名称：入侵检测与网络防护技术。

英文名称：Intrusion Detection and Network Protection Technology。

学分：2.0。

周学时：周教学课时 2.0;周实验学时 0.0。

面向对象：高年级本科生。

预修课程要求：计算机网络。

5.20.1　课程介绍

1. 中文简介

本课程涉及以下方面的内容。

（1）入侵检测与网络安全的概念。

（2）入侵的方法与手段：拒绝服务攻击、分布式拒绝服务攻击、缓冲区溢出攻击、格式化字符串攻击、跨站脚本攻击和 SQL 注入攻击。

（3）入侵检测系统：入侵检测系统架构、检测流程与入侵分析。

（4）入侵检测算法：基于主机、基于网络、基于存储、基于 Hadoop 海量日志的入侵检测算法。

（5）入侵检测系统评估。

（6）网络安全防护技术：防火墙技术、数据加密技术、虚拟专用网技术、局域网安全技术、网络安全渗透测试技术和 Web 安全技术。

2. 英文简介

This course mainly includes the following parts.

（1）The concept of intrusion detection and network security.

（2）Methods and means of intrusion: denial of service attack, distributed denial of service attack, buffer overflow attack, format string attack, cross-site scripting Attacks, SQL injection attack.

（3）Intrusion detection system: intrusion detection system architecture, detection process and intrusion analysis.

（4）Intrusion detection algorithm: host-based, network-based, storage-based, Hadoop massive log-based intrusion detection algorithm.

（5）Intrusion detection system evaluation.

（6）Network security protection technology: firewall technology, data encryption technology, virtual private network technology, LAN security technology, network security penetration testing technology, Web security technology.

5.20.2　教学目标

1. 课程定位及学习目标

本课程通过对网络入侵、入侵检测与网络防护技术的讲解，使学生了解常见的入侵与入侵检测方法，熟悉常用的网络防护技术，对计算机网络安全的系统架构有更清晰的理解。同时学生通过在虚拟机上对入侵、检测与防护进行仿真，深入理解入侵检测与网络防护技术。

2. 可测量结果

（1）理解入侵检测与网络安全的概念。
（2）熟悉常见的入侵形式与入侵检测方法。
（3）了解常见的网络安全防护技术。
（4）掌握入侵检测与网络安全防护系统的结构与虚拟机上的搭建。

5.20.3　课程要求

1. 授课方式与课程要求

授课方式：①教师讲授（讲授核心内容、总结、按顺序提示今后内容、答疑等）；②课后阅读（按照课程内容顺序阅读课堂推荐书目及参考文献）；③期中考试；④期末考试；⑤课程实验。

课程要求：熟悉计算机网络安全基本知识，掌握入侵检测与网络防护的常用方法，通过在虚拟机上的仿真对入侵检测与安全防护系统架构有深入的认识。

2. 考试评分与建议

课程作业占 20%,期中考试占 20%,期末考试占 40%,课程实验占 20%。

5.20.4 教学安排

第 1 次:入侵检测与网络安全概述。

教学内容:

- 网络安全的概念。
- 入侵检测的基本概念。
- 入侵检测的产生与发展。
- 入侵检测技术的发展趋势。

第 2 次:入侵方法与手段。

教学内容:

- 网络入侵流程与典型方法。
- 漏洞扫描。
- 拒绝服务攻击。
- 分布式拒绝服务攻击。
- 缓冲区溢出攻击。
- 格式化字符串攻击。
- 跨站脚本攻击。
- SQL 注入攻击。

第 3 次:入侵检测系统。

教学内容:

- 入侵监测系统的基本模型(通用入侵检测模型、层次化入侵检测模型和管理式入侵检测模型)。
- 入侵检测系统的分类。
- 入侵检测系统的工作模式、构架与部署。

第 4 次:入侵检测流程。

教学内容:

- 入侵检测过程(信息收集、信息分析与警告响应)。
- 入侵检测系统数据源(基于主机、网络、日志文件和其他网络设备)。

第 5 次:入侵分析。

教学内容:

- 入侵分析的概念。
- 入侵分析模型。
- 入侵检测分析方法(误用检测、异常检测和其他检测方法)。
- 警告与响应(响应类型、配置方法和响应机制)。

第 6 次:基于主机的入侵检测技术。

教学内容：

- 审计数据获取与处理。
- 不同入侵检测技术对比(基于统计模型、专家系统、状态转移分析和完整性检查)。
- 系统配置分析技术。

第 7 次：基于网络的入侵检测技术。

教学内容：

- 分层模型与 TCP/IP 协议族。
- 网络数据包的捕获(Sniffer)。
- 包捕获机制与 BPF 模型。
- 网络入侵特征分析。

第 8 次：基于存储的入侵检测技术。

教学内容：

- 存储设备与入侵检测概述。
- 存储级入侵检测框架。
- 存储级异常检测证据理论。
- 基于协作的联合防御。

第 9 次：基于 Hadoop 海量日志的入侵检测技术。

教学内容：

- Hadoop 相关技术与 Web 日志。
- 基于 Hadoop 海量日志的入侵检测算法(K-Means、CPK-Means、FP-Growth 和 LBPEP)。
- 基于 Hadoop 海量日志的入侵检测系统框架与实现。

第 10 次：入侵检测系统的标准与评估。

教学内容：

- 入侵检测的标准化工作。
- 入侵检测系统的性能指标。
- 测试内容、测试环境与测试软件。
- 用户评估标准。

第 11 次：防火墙技术。

教学内容：

- 防火墙配置。
- 防火墙控制内网用户对外访问。
- ASA 防火墙防御网络攻击。

第 12 次：数据加密技术。

教学内容：

- 对称加密技术。
- 非对称加密技术。
- 哈希算法与数据指纹。

- 数字签名与数字证书。

第 13 次：虚拟专用网技术。

教学内容：

- IPSec VPN。
- GRE Over IPSec 和 SVTI VPN。
- SSL VPN。

第 14 次：局域网安全技术。

教学内容：

- 局域网安全环境。
- MAC 泛洪攻击。
- DHCP Snooping。
- ARP 欺骗与防御。

第 15 次：网络安全渗透测试技术。

教学内容：

- 渗透测试与信息收集。
- 扫描(fping 扫描、nping 扫描、Nmap 扫描、Scapy 工具和 Nessus 工具)。

第 16 次：Web 安全技术。

教学内容：

- XSS 跨站脚本攻击的防护。
- SQL 注入的防护。

5.20.5　参考教材及相关资料

[1]　刘宇虹,胡建斌,段云所,等. 入侵检测技术[J].网络安全技术与应用,2001(9)：61-64.

[2]　李计,等. 计算机网络安全防护技术[J]. 科技风,2014(15)：178-178.

5.21　人工智能安全

课程名称：人工智能安全。
英文名称：Artificial Intelligence Security。
学分：2.5。
周学时：周教学课时 2.0；周实验学时 1.0。
面向对象：高年级本科生(建议三年级)。
预修课程要求：数学类基础课程、机器学习类基础课程、编程类基础课程。

5.21.1　课程介绍

1. 中文简介

伴随着大数据时代的到来,人工智能也进入到快速发展的黄金时期,随之而来的技术革新,如深度学习、移动支付和量子计算等,在生产、消费、通信、医疗和出行等众多领域大显身手。以这些技术为基础的人工智能系统也给网络空间安全带来颠覆性的变革,令网络攻防的能力大大加强,方式、方法得到极大丰富。面对这些挑战,使用传统的技术手段进行互联网内容管理存在一定的局限性,无法较好匹配和支撑人工智能技术的新进展和新需求。本课程将重点介绍人工智能在网络安全方面的相关技术与应用,介绍人工智能本身存在的安全问题原理与相关技术。

2. 英文简介

With the arrival of the era of big data, AI has also entered a golden period of rapid development, followed by technological innovations, such as in-depth learning, mobile payment, quantum computing, etc., in many fields such as production, consumption, communications, medical treatment, travel and so on. Artificial intelligence systems based on these technologies have also brought subversive changes to cyberspace security, greatly enhanced the ability of cyberspace attack and defense, and greatly enriched the ways and methods. Faced with these challenges, there are some limitations in using traditional technology to manage Internet content, which can not match and support the new progress and new needs of AI technology. This course will focus on the related technologies and applications of artificial intelligence in network security, and introduce the principles and related technologies of security problems existing in artificial intelligence itself.

5.21.2　教学目标

1. 课程定位及学习目标

通过本课程的学习使学生能掌握人工智能安全应用的原理,了解人工智能在使用过程中本身的安全问题与相关保护技术。

2. 可测量结果

(1) 掌握人工智能安全应用的原理,了解人工智能辅助网络安全应用的手段与方法。
(2) 熟悉人工智能本身存在的安全问题与防护手段。
(3) 了解一些比较常用的人工智能安全平台。

5.21.3　课程要求

1. 授课方式与课程要求

授课方式:①教师讲授(讲授核心内容、总结、按顺序提示今后内容、答疑等);②课后阅读(按照课程内容顺序阅读课堂推荐书目及参考文献);③期末考试。

课程要求:使学生能掌握人工智能安全应用的原理,了解人工智能在使用过程中本身的安全问题与相关保护技术。

2. 考试评分与建议

课程作业占 50％,期末考试占 40％,出勤考查占 10％。

5.21.4　教学安排

第 1 次:人工智能安全概论。

教学内容:

- 人工智能的历史及其发展。
- 人工智能中存在的安全问题。
- 人工智能安全发展的前景。

第 2 次:人工智能模型简述(1)。

教学内容:

- 机器学习中的基本概念,如过拟合和正则化等。
- 监督学习算法,如 SVM 和决策树。
- 无监督学习算法,如主成分分析和 K 均值聚类。

第 3 次:人工智能模型简述(2)。

教学内容:

- 梯度下降与正则化。
- 模型优化的方法。
- 深度学习模型,如 CNN 和 RNN 等。

第 4 次:人工智能安全问题简述(1)。

教学内容:

- 图灵机模型。
- 图灵机的变化和组合。
- 图灵测试。
- 图灵机的可计算性。

第 5 次:人工智能安全问题简述(2)。

教学内容:

- 深度学习中可解释性的定义与必要性。
- 深度学习中可解释性的方法。
- 神经网络深度与性能的关系。

第 6 次:人工智能在网络安全上的应用手段(1)。

教学内容:

- 网络流量监测的背景。
- 传统的网络流量监测方法。
- 人工智能驱动的网络流量监测。

第 7 次:人工智能在网络安全上的应用手段(2)。

教学内容:

- 漏洞与恶意代码分析的背景。
- 传统的漏洞与恶意代码分析方法。
- 人工智能驱动的漏洞与恶意代码分析技术。

第 8 次：数据安全与隐私保护。

教学内容：

- 数据隐私保护发展的历史。
- 人工智能模型中的训练数据泄露问题。
- 差分隐私。
- 隐私保护下的机器学习与深度学习。

第 9 次：算法与模型安全。

教学内容：

- 针对人工智能模型参数的盗取攻击。
- 保护人工智能模型的参数。

第 10 次：模型后门。

教学内容：

- 包含后门的神经网络结构。
- 后门插入的方法。
- 人工智能模型正确性检测与测试。

第 11 次：数据毒化。

教学内容：

- 训练数据的毒化攻击原理。
- 常见的毒化攻击方法。
- 毒化攻击的防御措施。

第 12 次：对抗性样本攻击(1)。

教学内容：

- 攻击原理。
- 线性系统攻击。

第 13 次：对抗性样本攻击(2)。

教学内容：

- 非线性系统攻击。
- 分类场景的攻击。
- 分类场景以外的攻击。

第 14 次：对抗性样本防御手段。

教学内容：

- 模糊化。
- 近似化。
- 生成对抗网络(GAN)。

第 15 次：人工智能可证明安全性。

教学内容：

- 非凸优化的简单介绍。
- 复变函数的简单介绍。
- 人工智能的健壮性证明。

第 16 次：复习。

教学内容：答疑。

5.21.5　参考教材及相关资料

本课程涉及人工智能安全前沿领域，无已有教科书。将通过随堂讲义以及参考论文的方式提供给学生相关课程材料。

5.22　信任与认证

课程名称：信任与认证。

英文名称：Trust and Authentication。

学分：2.0。

周学时：周教学课时 2.0；周实验学时 0.0。

面向对象：高年级本科生。

预修课程要求：C 程序设计基础、离散数学。

5.22.1　课程介绍

1. 中文简介

本课程涉及 9 方面的内容。

（1）密码学基础：Hash 技术基础，加密技术基础，数字签名基础。

（2）身份认证概述：身份认证定义，身份认证方法的分类，UNIX 的安全。

（3）智能卡认证技术：芯片技术，读写技术，卡内操作系统技术。

（4）生物认证技术：常用的生物认证技术，指纹识别技术的原理，指纹识别技术的实现。

（5）智能卡和指纹结合的认证：Store-on-Card 系统，Match-on-Card 系统。

（6）身份认证系统的安全性：指纹识别技术的可靠性，防攻击研究，指纹识别的安全技术。

（7）身份认证的应用模型：基于生物识别卡的认证系统原型，基于双因子认证的移动电话。

（8）常用的认证协议：RADIUS 认证，Kerbheros 认证，HTTP 中的身份认证。

（9）典型系统的应用：PKI 身份认证和访问控制系统，动态口令身份认证系统，RSA 多因素身份认证系统。

2. 英文简介

This course mainly contains nine parts.

(1) Cryptography basics: Hash technology foundation, encryption technology foundation, digital signature foundation.

(2) Overview of identity authentication: definition of identity authentication, classification of identity authentication methods, UNIX security.

(3) Smart card authentication technology: chip technology, read and write technology, card operating system technology.

(4) Biometric authentication technology: commonly used biometric authentication technology, the principle of fingerprint identification technology, the realization of fingerprint identification technology.

(5) Smart card and fingerprint authentication: Store-on-Card system, Match-on-Card system.

(6) Security of identity authentication system: reliability of fingerprint identification technology, anti-attack research, security technology of fingerprint identification.

(7) Application model of identity authentication: prototype of authentication system based on biometric card, mobile phone based on two-factor authentication.

(8) Commonly used authentication protocols: RADIUS authentication, Kerberos authentication, identity authentication in HTTP.

(9) Typical system applications: PKI identity authentication and access control system, dynamic password identity authentication system, RSA multi-factor identity authentication system.

5.22.2　教学目标

1. 学习目标

通过本课程的学习,了解有关密码学与计算机系统的基础理论和现有技术,培养学生应用认证技术来解决实际问题的能力,使高年级本科生在信息安全研究领域开展与认证技术相关的研究打下坚实的基础。

2. 可测量结果

(1) 理解密码学的基础知识并能与认证技术结合。
(2) 熟悉认证技术的概念,掌握相应的分析方法。
(3) 对当下较为成熟与流行的认证技术有较为全面的认识。
(4) 了解认证技术在信息安全科研前沿的相关应用。

5.22.3　课程要求

1. 授课方式与课程要求

授课方式：①教师讲授（讲授核心内容、总结、按顺序提示今后内容、答疑等）；②课后阅读（按照课程内容顺序阅读课堂推荐书目）；③期中考试；④期末考试；⑤课程实验。

课程要求：熟悉基本知识，掌握认证技术的基本理论和系统的分析方法，使用高级语言开发认证系统模型，考虑如何将认证技术更好地应用到信息安全、物联网安全研究中来解决相关问题。

2. 考试评分与建议

课程作业占 20％，期中考试占 20％，期末考试占 40％，课程实验占 20％。

5.22.4　教学安排

第 1 次：课程简介。

教学内容：

- 课程背景。
- 课程主要内容与考评方式。
- 认证技术介绍。

第 2 次：密码学基础。

教学内容：

- 传统密码技术。
- 数字签名。
- 密码学在认证技术中的应用。

第 3 次：身份认证概述。

教学内容：

- 身份认证定义。
- 身份认证方法的分类。
- 口令的主要威胁。
- 常用的解决办法。
- UNIX 的安全。
- Windows NT 安全。

第 4 次：智能卡认证技术。

教学内容：

- 芯片技术。
- 读写技术。

第 5 次：卡内操作系统技术。

教学内容：

- 双界面 COS 的功能模块。
- 智能卡中的密码技术。
- 通信接口原理。

第 6 次：卡内操作系统的实现。

教学内容：

- 命令解释模块。
- 通信模块。
- 文件管理模块。
- 安全管理模块。

第 7 次：生物认证技术。

教学内容：

- 常用的生物认证技术。
- 指纹识别技术的原理。

第 8 次：指纹识别技术的实现。

教学内容：

- 质量控制。
- 方向场计算。
- 直接特征提取。
- 特征比对。
- 生物识别技术的发展。

第 9 次：智能卡和指纹结合的认证。

教学内容：

- Store-on-Card 系统。
- Match-on-Card 系统。
- 双因子认证技术的发展。

第 10 次：身份认证系统的安全性。

教学内容：

- 指纹识别技术的可靠性。
- 防攻击研究。
- 指纹识别的安全技术。

第 11 次：身份认证的应用模型。

教学内容：

- 常用的应用结构。
- 基于生物识别卡的认证系统原型。
- 电子商务应用模型。
- 基于双因子认证的移动电话。

第 12 次：常用的认证协议。

教学内容：

- RADIUS 认证。
- Kerberos 认证。
- HTTP 中的身份认证。
- SET 认证。
- 身份的零知识证明。

第 13 次：IPv6 身份认证。

教学内容：

- IPSec。
- 加密和身份验证算法。
- 实现 IPSec。
- IPv6 安全头。

第 14 次：典型系统的应用。

教学内容：

- 身份认证典型系统。
- 认证系统基本理论。
- 认证口令。

第 15 次：PKI 身份认证和访问控制系统。

教学内容：

- PKI 的基本概念。
- PKI 的基本组成。
- 身份认证和访问控制。

第 16 次：动态口令身份认证系统。

教学内容：

- 动态口令身份认证原理。
- 动态口令的产生。

第 17 次：RSA 多因素身份认证系统。

教学内容：

- RSA SecurID 双因素身份认证系统简介。
- RSA SecurID 双因素认证系统。

第 18 次：时间同步双因素技术及令牌原理简介。

教学内容：时间同步双因素。

第 19 次：身份认证系统技术方案(1)。

教学内容：

- 方案概述。
- 用户认证需求描述。

第 20 次：身份认证系统技术方案(2)。

教学内容：解决方案。

第 21 次：身份认证系统技术方案(3)。

教学内容：详细设计方案。

第 22 次：身份认证在物联网安全与生物特征识别中的应用。

第 23 次：身份认证在认知无线电安全和智能电网安全中的应用。

第 24 次：期末复习。

第 25 次：期末考试。

5.22.5　参考教材及相关资料

黎妹红,韩磊,栾燕,等.身份认证技术及应用[M].北京：北京邮电大学出版社,2012.

5.23　工业控制安全

课程名称：工业控制安全。

英文名称：Industrial Control System Security。

学分：2.0。

周学时：周教学课时 2.0；周实验学时 0.0。

面向对象：高年级本科生。

预修课程要求：无。

5.23.1　课程介绍

1. 中文简介

本课程围绕工业控制系统的安全,对工业控制系统、工业控制网络、工业控制系统整体安全性、SCADA 系统安全性、工业控制网络漏洞、工业控制网络协议和工业控制网络安全防御等进行了详细阐述。最后列举了几个典型工业控制安全案例,旨在帮助学生全面了解工业控制系统安全领域的相关知识,掌握相关防护技能。

2. 英文简介

This course focuses on the security of industrial control systems,including its control system and network,overall security,SCADA security,vulnerabilities,protocols, and defenses,etc. It also presents several typical cases of industrial control security, which helps students to fully understand the knowledge of industrial control system security and be familiar with the relevant defense skills.

5.23.2　教学目标

1. 课程定位及学习目标

通过本课程的学习,学生能对工业控制系统、工业控制网络、工业控制系统整体安全性、SCADA 系统安全性、工业控制网络漏洞、工业控制网络协议、工业控制网络安全防御等有一定了解,并建立起工业控制安全防护意识。

2. 可测量结果

(1) 了解工业控制系统的基础知识。

(2) 熟悉几种工业控制网络通信协议。

(3) 掌握工业控制网络漏洞分析和安全防护技术。

5.23.3　课程要求

1. 授课方式与课程要求

授课方式：①教师讲授(讲授核心内容、总结、按顺序提示今后内容、答疑等)；②课后阅读(按照课程内容顺序阅读课堂推荐书目及参考文献)；③期中考试；④期末考试。

课程要求：了解工业控制系统基础知识,熟悉几种工业控制网络通信协议,掌握工业控制网络漏洞分析和安全防护技术,能结合已有知识分析实际生活中工业控制安全案例。

2. 考试评分与建议

课程作业占 20%,期中考试占 30%,期末考试占 50%。

5.23.4　教学安排

第 1 次：绪论。

教学内容：

- 工业控制系统与工业控制网络概述。
- 国内工业控制行业现状。
- 国内工业控制网络安全趋势分析。
- 工业控制系统常用术语。

第 2 次：工业控制系统基础。

教学内容：

- 数据采集与监视控制系统。
- 分布式控制系统。
- 工业控制系统中的常用控制器。
- PLC 设备的技术原理。
- 典型工业领域的工业控制网络。

第 3 次：工业控制网络安全威胁。

教学内容：

- 工业控制网络概述。
- 工业控制网络常见的安全威胁。
- 工业控制系统脆弱性分析。

第 4 次：SCADA 系统安全分析。

教学内容：

- SCADA 系统安全概述。
- SCADA 系统安全的关键技术。
- SCADA 系统安全测试平台。
- SCADA 系统安全典型案例。
- SCADA 系统安全发展趋势。

第 5 次：工业控制网络通信协议的安全性分析。

教学内容：

- 工业控制网络常用通信协议概述。
- Modbus 协议。
- DNP3 协议。
- IEC 系列协议。
- OPC 协议。

第 6 次：工业控制网络漏洞分析。

教学内容：

- 工业控制网络漏洞概述。
- 工业控制网络安全漏洞分析技术。
- 上位机漏洞分析。
- 下位机漏洞分析。
- 工控网络设备漏洞分析。

第 7 次：工业控制网络安全防护技术。

教学内容：

- 工业控制网络安全防护技术。
- 对工业控制网络已知安全威胁的防护方法。
- 对工业控制网络未知安全威胁的防护方法。

第 8 次：综合案例分析。

教学内容：

- 先进制造行业案例。
- 城市燃气行业案例。
- 石油化工行业案例。

5.23.5　参考教材及相关资料

［1］　姚羽,祝烈煌,武传坤,等.工业控制网络安全技术与实践[M].北京：机械工业出版社,2017.

［2］　肖建荣,等.工业控制系统信息安全的 10 堂课[M].北京：电子工业出版社,2018.

［3］　Clint Bodungen,et al.黑客大曝光——工业控制系统安全[M].北京：机械工业出版社,2017.

5.24　电子商务安全

课程名称：电子商务安全。

英文名称：E-commerce Security。

学分：2.0。

周学时：周教学课时 2.0；周实验学时 0.0。

面向对象：高年级本科生。

预修课程要求：网络空间安全导论。

5.24.1　课程介绍

1. 中文简介

电子商务是通过信息技术将企业、供应商、用户及其他商贸活动涉及的相关机构结合起来的一种信息技术的应用，是完成信息流、物流和资金流转移的一种行之有效的方法。随着信息技术的快速发展，电子商务不断渗透到人们生产、生活的方方面面，给人们的生产和生活带来前所未有的便利和高效。但是，由于互联网的开放性、自由性和虚拟化等特性，电子商务也给交易双方带来很多安全隐患，如何构建安全、可靠的电子商务环境，已经成为迫切需要解决的问题。本课程共包括三部分：第一部分主要介绍电子商务安全的基本概念和理论，包括电子商务安全的体系结构、网络安全技术和现代密码技术与应用等；第二部分主要介绍电子商务的认证技术、电子支付与安全支付协议、电子商务安全管理等内容；第三部分介绍电子商务安全应用及案例和移动电子商务安全等内容，从安全领域的热点和前沿知识引导学生跟踪学科发展的新方向。

2. 英文简介

E-commerce is an information technology application that combines enterprises, suppliers, users and other related organizations involved in business activities through information technology. It is an effective method to complete the flow of information, logistics and capital flow. With the rapid development of information technology, e-commerce has continuously penetrated into all aspects of people's production and life, bringing unprecedented convenience and efficiency to people's production and life. However, due to the openness, freedom, and virtualization of the Internet, e-commerce has brought many security risks to both parties. How to build a secure and reliable e-commerce environment has become an urgent problem to be solved. The course consists of three parts: The first part introduces the basic concepts and theories of e-commerce security, including e-commerce security architecture, network security technology, modern cryptography and applications; the second part introduces e-commerce authentication technology, electronic payment and secure payment agreement, e-commerce security management, etc. The third part introduces e-commerce security applications and cases, mobile e-commerce security and other content, from the security field hotspots and cutting-edge knowledge to guide students to follow the new direction of discipline development.

5.24.2　教学目标

1. 课程定位及学习目标

通过本课程的学习,学生能了解电子商务安全的基本概念和理论、电子商务的认证技术、电子支付与安全支付协议、电子商务安全管理等内容,利用所学知识对电子商务安全案例进行分析。

2. 可测量结果

（1）了解防火墙和 VPN 技术。
（2）掌握数据加密和密钥管理技术。
（3）了解数字证书、CA 和 PKI 等基本概念。
（4）掌握 SSL、SET、IPSec 协议。
（5）了解 WPKI 体系结构。

5.24.3　课程要求

1. 授课方式与课程要求

授课方式：①教师讲授(讲授核心内容、总结、按顺序提示今后内容、答疑等)；②课后阅读(按照课程内容顺序阅读课堂推荐书目及参考文献)；③期中考试；④期末考试。

课程要求：掌握电子商务安全的体系结构、网络安全技术、现代密码技术与应用等基础知识,了解电子商务的认证技术、电子支付与安全支付协议、电子商务安全管理等内容,能结合已有知识分析电子商务安全案例。

2. 考试评分与建议

课程作业占 20%,期中考试占 30%,期末考试占 50%。

5.24.4　教学安排

第 1 次：电子商务安全概述。
教学内容：
- 电子商务面临的安全威胁。
- 电子商务面临的主要攻击。
- 电子商务安全内涵。
- 电子商务安全体系结构。
第 2 次：电子商务加密技术。

教学内容：

- 加密技术概述。
- 对称密码体制。
- 公开密钥密码体制。
- 非数学的加密理论与技术。

第 3 次：电子商务签名技术。

教学内容：

- 数字签名概念。
- RSA 数字签名。
- DSS 签名。
- 哈希签名。
- 几种特殊的数字签名方法。

第 4 次：电子商务认证技术。

教学内容：

- 认证的基本概念。
- 认证的基本模式。
- 常用认证函数。
- 基本认证技术。
- 基本认证协议。

第 5 次：电子商务安全协议。

教学内容：

- 电子商务安全交易需求。
- 电子商务安全套接层协议。
- 安全电子交易规范。
- 电子支付专用协议。
- 安全超文本传输协议。
- 安全电子邮件协议。
- IPSec 协议。

第 6 次：电子商务网络安全。

教学内容：

- 网络安全基础。
- 防火墙技术。
- 虚拟专用网技术。
- 网络入侵检测。
- 防病毒技术。

第 7 次：电子商务安全应用及案例。

教学内容：

- 网上银行系统安全。

- 网上证券交易系统安全。
- 网上报税系统安全。
- 网上招投标系统安全。

第 8 次：移动电子商务安全。

教学内容：

- 移动电子商务安全概述。
- 移动电子商务与手机病毒。
- 移动电子商务安全协议和标准。
- 基于 WPKI 体系的安全实现技术。
- 移动支付系统安全。
- 移动商务安全的发展趋势。

5.24.5　参考教材及相关资料

[1]　曾子明,等.电子商务安全[M].2 版.北京：科学出版社,2013.

[2]　肖德琴,等.电子商务安全[M].2 版.北京：高等教育出版社,2015.

5.25　云与边缘计算安全

课程名称：云与边缘计算安全。

英文名称：Cloud and Edge Computing Security。

学分：2.0。

周学时：周教学课时 2.0；周实验学时 0.0。

面向对象：高年级本科生。

预修课程要求：网络空间安全导论、计算机网络。

5.25.1　课程介绍

1. 中文简介

近年来,云计算技术发展迅速,其凭借服务整合、动态扩展、按需供给等特点引起了产业界、学术界和政府部门的高度关注,已成为越来越多企业与用户部署服务的首要选择。伴随着云计算的快速发展,云服务暴露出的安全问题也日益增多。本课程将对云安全的基本概念、原理、技术进行介绍,并通过产业案例使学生掌握云安全的相关技术,从产业发展角度理解云安全的技术发展趋势。

边缘计算作为一种新的计算模式,不同于云计算要将所有数据传输到数据中心,使数据在源头附近就能得到及时有效的处理,绕过了网络带宽与延迟的瓶颈。在产业界和学术界的合力推动下,边缘计算正在成为新兴万物互连应用的支撑平台。本课程介绍边缘计算的概念、起源及发展历史,对边缘计算的基本概念、模型和关键技术进行剖析,分析边缘计算与云计算、边缘计算与大数据之间的关联,探讨边缘计算的优势与面临的挑战,给出基于边缘计算模型的几种实际应用案例,通过这些案例展望边缘计算在万物互连背景下的研究机遇和应用前景。

2. 英文简介

In recent years, cloud computing technology has been developed rapidly. It has attracted the attention of industry, academia and government departments by virtue of service integration, dynamic expansion and on-demand supply. It has become the primary choice for more and more enterprises and users to deploy services. With the rapid development of cloud computing, the security issues exposed by cloud services are also increasing. This course will introduce the basic concepts, principles and technologies of cloud security, and enable students to master the relevant technologies of cloud security through industry cases, and understand the technological development trend of cloud security from the perspective of industrial development.

As a new computing model, edge computing is different from cloud computing in that all data is transmitted to the data center, so that data can be processed in a timely and efficient manner near the source, bypassing the bottleneck of network bandwidth and delay. Driven by the combination of industry and academia, edge computing is becoming a supporting platform for emerging Internet applications. This course introduces the concept, origin and development history of edge computing, analyzes the basic concepts, models and key technologies of edge computing, analyzes the relationship between edge computing and cloud computing, edge computing and big data, and discusses the advantages of edge computing. The challenges are given, and several practical application cases based on the edge computing model are given. Through these cases, the research opportunities and application prospects of edge computing in the context of the Internet of Everything are prospected.

5.25.2 教学目标

1. 课程定位及学习目标

通过本课程的学习,学生能了解云计算的背景和安全理念,掌握启用和实例化可信基础设施的关键应用模型,熟悉云中身份管理和控制机制,了解边缘计算安全威胁与挑战,运用已有知识分析云与边缘安全实例。

2. 可测量结果

(1) 理解可信云的概念。
(2) 掌握可信基础设施的关键应用模型。
(3) 熟悉云的身份管理和控制机制。
(4) 了解边缘计算的主要几种安全技术。

5.25.3　课程要求

1. 授课方式与课程要求

授课方式：①教师讲授(讲授核心内容、总结、按顺序提示今后内容、答疑等)；②课后阅读(按照课程内容顺序阅读课堂推荐书目及参考文献)；③期中考试；④期末考试。

课程要求：了解云计算的背景和安全理念,掌握启用和实例化可信基础设施的关键应用模型,熟悉云中身份管理和控制机制,了解边缘计算安全威胁与挑战,运用已有知识分析云与边缘安全实例。

2. 考试评分与建议

课程作业占 20%,期中考试占 30%,期末考试占 50%。

5.25.4　教学安排

第 1 次：云计算基础。

教学内容：

- 云计算的定义。
- 云计算的历史背景。
- 服务即安全。

第 2 次：云安全与合规性表述。

教学内容：

- 云安全考虑。
- 可信计算基础设施。
- 可信云应用模型。
- 云租户的可信云价值定位。

第 3 次：可信计算池的基础。

教学内容：

- 可信云构件。
- 平台启动完整性。
- 可信计算池。
- TCP 解决方案参考架构。
- 中国台湾省证券交易所案例。

第 4 次：可信性的验证。

教学内容：

- 证明及流程。
- 英特尔可信证明平台。
- Mt.Wilson 平台及安全性分析。

第 5 次：云的边界控制。

教学内容：

- 地理标记和资产标记。
- 使用地理标记的可信计算池。
- 将地理标记加入到可信计算池解决方案。
- 地理标记的工作流程和生命周期。
- 地理标记部署架构。

第6次：云网络安全。

教学内容：

- 云网络。
- 端到端的云安全。
- 云中的软件定义安全。

第7次：云的身份管理和控制。

教学内容：

- 身份挑战。
- 身份管理系统需求。
- 身份管理解决方案的关键需求。
- 身份表示和案例研究。
- 英特尔身份技术。

第8次：可信虚拟机。

教学内容：

- 可信虚拟机的需求。
- 虚拟机镜像。
- 可信虚拟机概念架构。
- 可信虚拟机工作流。
- 利用 OpenStack 部署可信虚拟机。

第9次：安全云爆发的参考设计。

教学内容：

- 云爆发应用模型。
- 数据中心部署模型。
- 云爆发的参考架构。
- 网络拓扑及注意事项。
- 安全设计考虑。
- 虚拟机迁移的实践考虑。

第10次：边缘计算的需求与意义。

教学内容：

- 边缘计算的概念。
- 边缘计算的产生背景。
- 边缘计算的发展历史。

第 11 次：边缘计算基础。

教学内容：

- 分布式计算。
- 边缘计算的基本概念。
- 边缘计算的关键技术。
- 边缘计算与云计算。
- 边缘计算与大数据。
- 边缘计算的优势与挑战。

第 12 次：边缘计算典型应用。

教学内容：

- 云计算任务前置。
- 边缘计算视频监控系统。
- 基于边缘计算的灾难救援。

第 13 次：边缘计算系统平台。

教学内容：

- 面向智慧城市的边缘计算系统。
- 面向智能汽车的边缘计算系统。
- 面向个人计算的边缘计算系统。
- 协同平台。

第 14 次：边缘计算系统实例。

教学内容：

- 边缘计算系统概览。
- Cloudlet。
- ParaDrop。
- Firework。

第 15 次：边缘计算安全与隐私保护(1)。

教学内容：

- 安全概述、基础和目标。
- 安全威胁及挑战。
- 主要安全技术(1)。

第 16 次：边缘计算安全与隐私保护(2)。

教学内容：

- 主要安全技术(2)。
- 边缘计算与物联网安全。
- 边缘计算安全实例。

5.25.5　参考教材及相关资料

[1]　罗古胡·耶鲁瑞,等.云安全基础设施构建——从解决方案的视角看云安全

［M］.北京：机械工业出版社,2017.

  ［2］ 陈兴蜀,等.云安全原理与实践［M］.北京：机械工业出版社,2017.

  ［3］ 施巍松,等.边缘计算［M］.北京：科学出版社,2018.

  ［4］ 徐保民,等.云安全深度剖析：技术原理及应用实践［M］.北京：机械工业出版社,2016.

5.26　多媒体安全

课程名称：多媒体安全。

英文名称：Multimedia Security。

学分：2.0。

周学时：周教学课时 2.0；周实验学时 0.0。

面向对象：高年级本科生。

预修课程要求：线性代数、微积分、概率论与数理统计、C 程序设计基础、数据结构基础。

5.26.1　课程介绍

1. 中文简介

本课程旨在帮助学生掌握多媒体安全的基本原理、主要技术以及解决方案。内容包括：信息隐藏的历史与应用、信息隐藏和数字水印的基本原理和典型技术、数字媒体取证、生物信息安全,以及它们在网络和移动计算环境下的应用。

2. 英文简介

This course is aimed to provide students with a understanding of key concepts, techniques and solutions of information hiding, digital watermarking, and digital forensic. It includes the history and applications of steganography, fundamental theory, and typical techniques of digital watermarking, digital forensic, biology information security, and their applications in web and mobile computational environments.

5.26.2　教学目标

1. 课程定位及学习目标

本课程也是信息技术中安全领域的重要组成部分,它所讨论的知识内容和提倡的技术方法,无论对进一步学习网络、多媒体领域的其他课程,还是对从事大型多媒体信息工程的开发,都有重要的作用。所以一般建议对于安全方向的学生与网络安全等课程并行修读。

本课程的主要任务是研究多媒体安全的基本原理、主要技术以及解决方案。通过本课程的学习,应使学生了解和掌握互联网、移动计算环境下信息传输,尤其是多媒体数据的安全问题,培养开放式环境下的多媒体安全分析与设计的能力。

2. 可测量结果

(1) 实现基本的多媒体安全算法,以及常见的攻击和防范策略。

(2) 了解多媒体安全的基本原理,能够合理选择相关的算法,保障网络应用的安全。

(3) 对网络信息窃取、版权保护等有一定了解,能够合理地选择和部署多媒体安全技术,提升网络的整体安全能力。

注:以上结果可以通过课程作业、综合性课程设计以及笔试等环节测量。

5.26.3　课程要求

1. 授课方式与课程要求

授课方式:①教师讲授(讲授核心内容、总结、按顺序提示今后内容、答疑等);②课后阅读(按照课程内容顺序阅读课堂推荐书目及参考文献);③期中考试;④期末考试;⑤期末报告。

课程要求:熟悉基础知识,实现基本的多媒体安全算法,了解多媒体安全的基本原理,能够合理地选择和部署多媒体安全技术,提升网络的整体安全能力。

2. 考试评分与建议

课程作业占 15%,课堂报告占 5%,期中考试占 30%,期末考试占 50%。

5.26.4　教学安排

第 1 次:绪论。
教学内容:
- 多媒体安全的重要意义。
- 多媒体安全的主要威胁。
- 多媒体安全的研究内容。
- 多媒体安全的典型应用。

第 2 次:多媒体的数据特性。
教学内容:
- 多媒体感知冗余。
- 文件格式冗余。
- 数字媒体编辑软件。
- 多媒体相关的国际标准。
- 空域数据特性。

第 3 次:隐密技术。
教学内容:
- 隐密技术的基础。

- 典型数字图像隐藏方法。
- 典型音频隐藏方法。
- 典型视频信息隐藏方法。
- 信息隐藏方法性能评价。

第 4 次：隐密分析技术。

教学内容：

- 典型图像隐密分析方法。
- 典型音频隐密分析方法。
- 典型视频隐密分析方法。

第 5 次：数字水印(1)。

教学内容：

- 数字水印的基本概念。
- 数字水印版权保护系统。
- 鲁棒数字图像数字水印。
- 脆弱数字图像数字水印。

第 6 次：数字水印(2)。

教学内容：

- 对数字水印的攻击和评价基准。
- 音频数字水印算法。
- 视频数字水印算法。

第 7 次：数字媒体取证。

教学内容：

- 绪论。
- 数字媒体来源取证。
- 数字媒体篡改取证。

第 8 次：生物认证和生物模板安全。

教学内容：

- 身份认证概述。
- 生物特征认证的系统结构。
- 生物特征的特点。
- 生物认证系统安全性分析。
- 生物模板安全。
- 图像哈希生物认证算法。

5.26.5 参考教材及相关资料

[1] Ingemar Cox,Matthew Miller,Jeffrey Bloom,et al. Digital Watermarking and Steganography[M]. San Francisco：Morgan Kaufmann Publishers,Inc.,2007.

[2] Husrev Taha Sencar,Nasir Memon,et al. Digital Image Forensics：There is

More to a Picture than Meets the Eye[J].Springer,2012.

　　[3]　Stefan Katzenbeisser,et al.信息隐藏技术——隐写术与数字水印[M].北京：人民邮电出版社,2001.

　　[4]　孔祥维,郭艳卿,王波,等.多媒体信息安全[M].北京：科学出版社,2014.

5.27　舆情分析与社交网络安全

课程名称：舆情分析与社交网络安全。

英文名称：Public Opinion Analysis and Social Media Networks Security。

学分：2.0。

周学时：周教学课时 2.0;周实验学时 0.0。

面向对象：高年级本科生。

预修课程要求：无。

5.27.1　课程介绍

1. 中文简介

随着互联网技术的快速发展和广泛应用,网络媒体已经成为重要的信息传播和交流平台,同时也是网络舆情形成和传播的主要载体。随着网络舆论对社会和公众影响的不断增大,出现了网络炒作、造谣传谣、网络霸凌等不良的现象,损害了网络媒体公信力,扰乱了网络正常传播秩序,产生了错误的舆论导向。因此,加强互联网管理和舆论治理非常重要,也非常有必要。本课程旨在介绍几种常见的网络舆情分析所涉及的主要方法和关键技术,提高学生对舆情分析的认识和理解。本课程讲授的内容包括以下几方面：社交媒体网络基础;社交媒体网络用户信任评估;社交媒体网络安全传播与风险管理;多媒体社交网络的访问控制、委托授权和安全策略博弈;多媒体社交网络原型系统和未来研究展望。

2. 英文简介

With the rapid development and wide application spectrum of Internet technologies, internet media has become an important platform for information dissemination and communication, and it is also the main carrier for the formation and dissemination of public sentiment. With the increasing influence of public sentiment on the society and the public, there have been unhealthy phenomena such as network hype, rumor-spreading, and cyberbullying, which have damaged the credibility of internet media, disrupted the normal communication order of the network, and produced disinformation. Therefore, it is very important and necessary to strengthen the governance on internet media. This course is designed to introduce the main methods and key technologies to improve students' understanding on the online public sentiment analysis. The course includes the foundation, user trust evaluation; secure communication and risk management, multimedia access control, delegation authorization and game strategy; prototyped multimedia systems, and future research prospects of social media networks.

5.27.2　教学目标

1. 课程定位及学习目标

通过本课程的学习,学生能了解几种常见的网络舆情分析所涉及的主要方法和关键技术,认识到舆情分析的重要性,学会运用社交媒体网络安全理论与技术解决实际案例。

2. 可测量结果

(1) 了解舆情分析的几种常用技术。
(2) 理解并用实验验证舆情分析中用到的模型和算法。
(3) 了解社交媒体网络安全技术,完成社交用户信任评估实验。

5.27.3　课程要求

1. 授课方式与课程要求

授课方式:①教师讲授(讲授核心内容、总结、按顺序提示今后内容、答疑等);②课后阅读(按照课程内容顺序阅读课堂推荐书目及参考文献);③期中考试;④期末考试。

课程要求:了解几种常见的网络舆情分析所涉及的主要方法和关键技术,认识舆情分析的重要性,运用社交媒体网络安全理论与技术解决实际案例。

2. 考试评分与建议

课程作业占 20%,期中考试占 30%,期末考试占 50%。

5.27.4　教学安排

第 1 次:网络舆情概论。
教学内容:

• 网络舆情概述。
• 网络舆论空间治理。
• 网络舆情传播平台。
• 网络舆情分析技术概述。

第 2 次:网络信息采集技术。
教学内容:

• 网络爬虫概述。
• 网页搜索算法。
• 网页相似度计算。
• 爬虫系统组成。

第 3 次：话题检测与跟踪技术。

教学内容：

- TDT 的基本概念。
- 话题检测算法。
- 话题跟踪算法。
- 热点话题检测。

第 4 次：文本分割技术。

教学内容：

- 文本分割的基本概念。
- 基于 LDA 模型的文本分割。
- 基于 VSM 模型的文本分割。

第 5 次：文本情感分析技术。

教学内容：

- 基本概念。
- 句子情感分析方法。
- 段落情感分析方法。
- 文本情感分析模型。

第 6 次：社交网络绪论。

教学内容：

- 社交媒体网络背景。
- 社交媒体网络安全技术。
- 社交网络特性与组织。

第 7 次：社交网络域内信任评估。

教学内容：

- 信任评估基本概念。
- 媒体内容分享和用户信任建模。
- 域内信任评估建模。
- 域内综合信任模型。

第 8 次：社交网络域间信任评估。

教学内容：

- 社交网络域间的媒体内容分享。
- 域间信任评估建模。
- 域间综合信任模型。
- 综合信任评估算法。

第 9 章 社交用户信任评估实验分析。

教学内容：

- 实验环境简介。
- UCINET 小世界仿真实验。

- 信任模型验证。

第 10 章 数字权利潜在传播路径发现。

教学内容：

- 多媒体社交网络潜在路径形式化。
- 潜在路径信任度量。
- 可信潜在路径。
- 算法设计。
- 仿真实验。

第 11 章 社交媒体传播安全风险评估。

教学内容：

- 安全风险评估理论与方法。
- 数字权利传播风险评估。
- 风险评估算法。
- 仿真实验。

第 12 章 多媒体社交网络访问控制。

教学内容：

- 安全模型的构建理论与方法。
- MSNAC 构建及形式化描述。
- MSNAC 访问控制规则。
- 应用实例与分析。

第 13 章 多媒体社交网络委托授权。

教学内容：

- 使用控制模型。
- 委托授权模型。
- 委托授权模型与方案。
- 基于代理重加密的委托授权方案。
- 安全性证明与应用实例。

第 14 章 社交媒体网络安全策略博弈。

教学内容：

- 形式化的安全策略博弈。
- 典型安全策略的博弈论分析。
- 算例分析。

第 15 章 多媒体社交网络原型系统。

教学内容：

- 原型系统开发环境。
- 总体设计。
- 多媒体管理。
- 社交网络与推荐。

- 媒体内容安全与数字版权管理。

第 16 章 社交媒体网络安全新方向。

教学内容：

- Web 2.0 和社交媒体网络现状。
- 国内外最新研究进展。
- 开放问题和挑战。

5.27.5　参考教材及相关资料

[1]　Z. Zhang，C. Zhao，J. Wang，et al. Social Media Networks Security Theory and Technology [M]. Beijing：Science Press，2016.

[2]　蔡皖东，等. 网络舆情分析技术[M]. 北京：电子工业出版社，2018.

5.28　信息关联与情报分析

课程名称：信息关联与情报分析。

英文名称：Information Association and Intelligence Analysis。

学分：2.0。

周学时：周教学课时 2.0；周实验学时 0.0。

面向对象：高年级本科生。

预修课程要求：概率论与数理统计、信息论。

5.28.1　课程介绍

1. 中文简介

情报一直伴随着人类社会的发展，从单纯的观察发展到成体系、庞大的安全活动。在情报技术发展和专业化的推动下，情报分析无疑是情报工作中最为关键也是最具挑战性的一环。本课程将重点介绍多种情报分析研究方法及其应用，旨在提高学生的情报研究和分析方面的能力素质。

2. 英文简介

Intelligence activities have been accompanied by the development of human society, from simple observations to complex security activities in a systematic infrastructure. Driven by the development and specialization of intelligence technology, intelligence analysis is undoubtedly the most critical and challenging task. This course will focus on a variety of intelligence analysis research methods and their applications, aiming to improve the ability of students' ability of intelligence research and analysis.

5.28.2　教学目标

1. 课程定位及学习目标

通过本课程的学习,学生能了解情报研究与分析的规范流程,掌握情报分析的基本原则、统计方法和应用工具,学会撰写情报分析报告,利用所学知识对情报研究案例进行分析。

2. 可测量结果

(1) 了解情报的两大功能。
(2) 熟悉情报研究与分析的规范流程。
(3) 掌握情报分析常用的统计方法。
(4) 利用类比法、博弈论、外推法和贝叶斯分析对案例进行分析。

5.28.3　课程要求

1. 授课方式与课程要求

授课方式:①教师讲授(讲授核心内容、总结、按顺序提示今后内容、答疑等);②课后阅读(按照课程内容顺序阅读课堂推荐书目及参考文献);③期中考试;④期末考试。

课程要求:了解情报研究与分析的规范流程,掌握情报分析的基本原则、统计方法和应用工具,学会撰写情报分析报告,利用所学知识对情报研究案例进行分析。

2. 考试评分与建议

课程作业占 20%,期中考试占 30%,期末考试占 50%。

5.28.4　教学安排

第 1 次:战略情报的演变和定义。
教学内容:

* 有组织的战争以及对战略情报的需求。
* 值得怀疑的信息和情报需求。
* 情报的目的。
* 战略情报的类型和组成部分。

第 2 次:情报研究的种类和证明的性质。
教学内容:

* 描述性研究。
* 描述性研究中证明的性质。
* 预测性研究中证明的性质。
* 冲突环境中的理论验证。
* 模型和科学方法。

- 非科学研究中的科学方法。
- 情报研究中的预测模型验证。
- 专业术语的语义问题。

第 3 次：规划研究项目。

教学内容：

- 研究项目的来源。
- 定义项目界限。
- 查找项目信息。
- 研究信息的来源。

第 4 次：情报分析基础。

教学内容：

- 情报分析概念。
- 归纳与演绎。
- 定量与定性分析。
- 分析的基本步骤。

第 5 次：情报分析中的基本定量方法。

教学内容：

- 统计分析。
- 数学分析。
- 描述统计。
- 抽样理论。
- 概率概述。

第 6 次：情报分析中的描述性方法。

教学内容：

- 类比。
- 联系分析。
- 社会关系计量学。
- 博弈论。
- 军事演习。
- 线性规划。
- 回归分析与相关分析。

第 7 次：预测。

教学内容：

- 不同类型的现象及其与预测的关系。
- 概率描述及其与不同类型现象的关系。
- 德尔菲法。
- 外推法。
- 贝叶斯分析。

- 心理历史学和心理语言学分析。
- 控制论模型和系统动力学辅助预测。

第 8 次：情报报告撰写和小型情报研究案例。

教学内容：

- 报告撰写格式和要点。
- 案例的背景和来源。
- 规划研究项目。
- 建立假说。
- 信息搜集。
- 分析与发现。
- 验证。

5.28.5 参考教材及相关资料

Jerome Clauser,et al.情报研究与分析入门［M］.北京：金城出版社,2016.

5.29 形式化方法与实践

课程名称：形式化方法与实践。
英文名称：Formal Methods and Practices。
学分：2.0。
周学时：周教学课时 2.0；周实验学时 0.0。
面向对象：高级本科生。
预修课程要求：离散数学。

5.29.1 课程介绍

1. 中文简介

形式化方法是基于数理逻辑的计算机系统研究方法。形式化方法是指导软硬件系统开发的一种重要理论方法,在需求分析、概要设计、详细设计、实现和测试等开发过程中均发挥重要的作用。本课程主要讲述形式化方法的基本概念、原理和方法,并结合应用案例和学生实践项目的分析讨论,内容涵盖了形式化方法的主要知识点,包括形式化方法概述、数学基础、形式化模型、形式规约、形式分析与验证、应用案例。

2. 英文简介

Formal methods are mathematical logic based approaches for computing system research. Formal methods are thus fundamental theory for developing software and hardware,in particular for requirement analysis, architecture design, low-level design, implementation and testing. This course introduces the fundamental concepts,principles and approaches of formal methods, as well as project practices and realistic case studies. It covers introduction, mathematical foundation, formal model and specification, formal analysis and verification, case studies.

5.29.2 教学目标

1. 课程定位及学习目标

本课程是计算机科学与技术专业中计算机软件技术方向的专业必修课,也是软件工程专业的主要专业必修课。本课程所讲授的形式化方法是计算机系统的理论基础,在计算机学科体系中占据重要地位,是连接计算机基础理论(下层)与软件工程、网络计算等(上层)的纽带,对于推动计算机基础理论的应用、加深对软件开发本质问题的理解,都具有重要作用。

通过本课程的学习,使学生了解计算机科学的背景、起源和涵盖范围;掌握形式化方法的基本概念、原理和方法;熟练应用该方法进行系统分析设计;了解并使用常用的形式化方法工具。形式化方法的实践对于学生深入理解理论知识并熟练应用非常重要,因此,本课程将在课程内容讲解的过程中穿插较多案例和开发工具演示,最后通过一个较为完整的实践项目,使得学生能运用该门课程的知识开发具体的应用项目。

2. 可测量结果

(1) 理解形式化方法的内涵、基本概念和核心理论技术。

(2) 安装和使用一种形式化方法工具,如 Isabelle/HOL。

(3) 采用形式化语言来描述软件的需求、设计和实现。

(4) 采用形式化语言来设计基本的数据结构和算法。

(5) 采用定理证明方法对形式化模型进行逻辑验证。

(6) 在形式化方法工具中,设计简单编程语言的语法和语义,并能验证程序编译的正确性。

注:以上结果可以通过课程作业、综合性课程设计以及笔试等环节测量。

5.29.3 课程要求

1. 授课方式与课程要求

授课方式:①教师讲授(讲授核心内容、总结、按顺序提示今后内容、答疑等);②课后阅读(按照课程内容顺序阅读课堂推荐书目及参考文献);③期末考试;④课程实验;⑤期末报告。

课程要求:熟悉形式化方法的基本概念,掌握形式化方法的基本技能,提高相关工具的使用和软硬件系统验证的基本能力,掌握计算机系统形式化开发与验证的基本知识。

2. 考试评分与建议

课程实验占 60%,期末考试占 30%,出勤考查占 10%。

5.29.4　教学安排

第 1 次：形式化方法引论。

教学内容：

- 研究背景和国内外应用情况。
- 形式化方法的框架。
- 程序证明概述。
- 研究项目和工业应用案例。

第 2 次：Isabelle/HOL 工具介绍。

教学内容：

- Isabelle/HOL 工具简介。
- 安装与使用。
- 基本逻辑的使用。

第 3 次：Isabelle/HOL 实践。

教学内容：

- 开发简单的形式化规约。
- 使用 Isabelle/HOL 进行形式化验证。
- 如何设计自动机模型。
- 课堂实践。

第 4 次：形式化规约开发(1)。

教学内容：

- 类型构造——记录、归纳类型、序对和元组等。
- 集合——集合运算和归纳集合。
- 关系——关系运算和序关系。

第 5 次：形式化规约开发(2)。

教学内容：

- 基本函数。
- 递归函数。
- 高阶函数。

第 6 次：形式化规约开发(3)。

教学内容：

- 列表编程。
- 模块化结构与复用——域和类。
- 通用代数结构——函子、群、单子和闭包。

第 7 次：形式化验证的基础逻辑。

教学内容：

- 命题演算。
- 谓词和量词。

- 形式系统和公理系统。
- 可靠性和完备性。

第 8 次：Isabelle/HOL 的证明方法和语言。

教学内容：

- 证明方法与结构。
- Isar 证明脚本语言介绍。
- 归纳法证明及实践。
- 递归函数的证明。

第 9 次：程序证明基本框架。

教学内容：

- 定义程序的语义。
- 功能正确性、可终止性等证明。
- 程序求精。
- 程序的状态机表示。

第 10 次：基本数据结构及算法验证。

教学内容：

- 栈和队列。
- 有界栈。
- FIFO 队列。
- 优先级队列。

第 11 次：排序算法的设计与验证。

教学内容：

- 插入排序。
- 冒泡排序。
- 归并排序。

第 12 次：复杂数据结构的设计与验证。

教学内容：

- 二叉查找树。
- AVL 平衡树。

第 13 次：IMP 简单编程语言的形式化设计。

教学内容：

- 语法设计。
- 表达式、求值和化简。
- IMP 的大步和小步操作语义。

第 14 次：IMP 简单编程语言的编译及验证。

教学内容：

- 简单的机器模型和指令集。
- IMP 编译器设计。

- IMP 编译器的正确性验证。

第 15 次：操作系统内核的形式化模型。

教学内容：

- 操作系统内核基本结构和模型。
- 内核的状态机模型和系统调用建模。

第 16 次：操作系统内核的验证。

教学内容：

- 内核的功能正确性验证。
- 内核的安全性验证。

5.29.5 参考教材及相关资料

Tobias Nipkow，Gerwin Klein. Concrete Semantics （With Isabelle/HOL）［M］. Berlin：Springer，2014.

实践教学课程

6.1　计算机系统概论

课程名称：计算机系统概论。
英文名称：Principles of Computer System。
学分：4.0。
周学时：周教学课时 4.0；周实验学时 0.0。
面向对象：低年级本科生。
预修课程要求：C 程序设计基础。

6.1.1　课程介绍

1. 中文简介

本课程是非计算机科学专业方向的计算机系统必修课。主要包括计算机系统结构、计算机组成原理、基本算法分析与实现、I/O 系统原理、接口原理与数据 I/O 方式等。本课程以原计算机组成为主，增加了逻辑与计算机设计、汇编与接口、体系结构等课程的部分内容。

后续课程：本课程是操作系统、编译原理等课程的基础课。对计算机系统、计算机硬件设计有兴趣的，建议继续选修体系结构、汇编与接口、嵌入式系统等课程及相关实验。

2. 英文简介

The course includes computer architecture, computer organization, the basic algorithm analysis and implementation, I/O systems and interfaces and so on the basis of the basic principles of knowledge. By learning to fully understand the various components of a computer system working principle, structure, familiar with the interface between hardware and software, interfaces.

6.1.2　教学目标

1. 课程定位及学习目标

（1）理解单处理器计算机系统中各部件的内部工作原理、组成结构以及相互连接方式，具有完整的计算机系统的整机概念。

（2）理解计算机系统层次化结构概念，熟悉硬件与软件之间的界面，掌握指令集体系结构的基本知识和基本实现方法。

（3）能够运用计算机组成的基本原理和基本方法，对有关计算机硬件系统中的理论和实际问题进行计算、分析，并能进行简单的有限指令 CPU 设计。

2. 可测量结果

（1）通过课程设计，以程序实现模拟 CPU。

（2）通过书面作业、课堂练习和考试，掌握计算机组成的基本概念。

（3）期中和期末考试。

注：以上结果可以通过课堂讨论、课程作业以及笔试等环节测量。

6.1.3　课程要求

1. 授课方式与课程要求

授课方式：①教师讲授（讲授核心内容、总结、按顺序提示今后内容、答疑等）；②课后阅读（按照课程内容顺序阅读课堂推荐书目及参考文献）；③期中考试；④期末考试。

课程要求：熟悉基本知识，培养计算机思维和计算机设计能力及合作精神，了解计算机系统的实现原理与运行机制。

2. 考试评分与建议

课程作业占 30%，期中考试占 10%，期末考试占 60%。

6.1.4　教学安排

第 1 次：概论。

教学内容：

- 硬件计算机系统概述。
- 计算机发展历程。
- 计算机系统层次结构。
- 计算机硬件与软件的基本组成。
- 应用计算机软件的分类。
- 计算机的工作过程，计算机性能指标——吞吐量和响应时间。
- CPU 时钟周期、主频、CPI、CPU 执行时间。
- MIPS 和 MFLOPS。

第 2 次：计算机数据基础。

教学内容：

- 数据表示算法二进制。
- 逻辑数据的表示和运算。
- 数制与编码。
- 进位计数制及其相互转换真值和机器数。
- 二进制，数理逻辑，定点数的表示和运算，原码、补码、移码、BCD 码，字符与字符串，校验码。
- 定点数的表示。
- 无符号数和有符号数的表示。
- 补码，补码定点数的加/减运算，溢出的概念和判别方法。
- 补码的乘法运算和除法运算。

第 3 次：计算单元。

教学内容：

- 加法器设计。
- 串行加法器和并行加法器。
- 算术逻辑单元 ALU。
- 算术逻辑单元 ALU 的功能和结构。

第 4 次：浮点数。

教学内容：

- 浮点数。
- IEEE754 标准。
- 浮点数的加、减、乘、除运算。

第 5 次：指令系统。

教学内容：

- 汇编指令。
- 指令的格式。
- 定长操作码指令格式。
- MIPS 指令系统。
- C 语言编译。
- CISC 和 RISC 的基本概念。
- 扩展操作码指令格式。
- 汇编与反汇编。

第 6 次：地址。

教学内容：

- 数据寻址和指令寻址。
- 常见寻址方式。
- 有效地址的概念。

- 条件指令、伪指令和子程序调用。

第 7 次：CPU。

教学内容：

- CPU 设计。
- 中央处理器（CPU）。
- 时序电路。
- 正负逻辑的概念。
- 基本逻辑门电路。
- CPU 的功能和基本结构。
- 指令执行过程。

第 8 次：数据通路的功能和基本结构。

教学内容：

- 控制器。
- 控制器的功能和工作原理。
- 硬布线控制器。
- 可编程逻辑阵列——PLA。

第 9 次：微程序控制器。

教学内容：

- 微程序、微指令和微命令。
- 微指令的编码方式。
- 微地址的形式。
- Amdal 定理。
- 指令流水线。

第 10 次：存储器。

教学内容：

- 存储原理和存储器构成。
- 位扩展和字扩展。
- 存储器的层次结构和分类。
- 半导体随机存取存储器。
- SRAM、DRAM、ROM 和 EPROM 存储器的工作原理。
- DRAM 存储器的刷新。
- RAM 存储器的位扩展和字扩展。
- 多模块存储器。
- 程序访问的局部性原理。

第 11 次：Cache。

教学内容：

- Cache 的基本工作原理。
- Cache 和主存之间的映射方式。

- Cache 中主存块的替换算法。
- Cache 写策略。

第 12 次：虚拟存储。

教学内容：

- 虚拟存储器的基本概念。
- 页表和地址换算。
- 页式虚拟存储器。
- TLB(快表)。
- 段式虚拟存储器。
- 段页式虚拟存储器。

第 13 次：I/O 系统。

教学内容：

- 接口、总线。
- I/O 系统的基本概念和外部设备。
- 输入设备——键盘和鼠标。
- 输出设备——显示器和打印机。
- 外存储器——硬盘存储器、磁盘阵列和光盘存储器。
- I/O 总线。

第 14 次：总线仲裁。

教学内容：

- 集中仲裁方式和分布仲裁方式。
- 总线操作和定时。
- 同步定时方式和异步定时方式。
- 总线标准数据传输。
- 程序查询方式。

第 15 次：中断。

教学内容：

- 中断的基本概念。
- 中断响应过程。
- 中断处理过程。
- 多重中断和中断屏蔽的概念。

第 16 次：DMA。

教学内容：

- DMA 方式。
- DMA 控制器的组成。
- DMA 传送过程。
- 通道方式。

6.1.5　参考教材及相关资料

[1]　Chaudhuri P P. Computer Organization and Design[M]. New Delhi：PHI Learning Pvt. Ltd.，2008.

[2]　楼学庆.计算机组成课程设计[M]. 杭州：浙江大学出版社,2007.

[3]　David A.Patterson,John L. Hennessy.计算机组成与设计：硬件/软件接口[M].郑纬民,译. 北京：机械工业出版社,2007.

6.2　课程综合实践Ⅰ

课程名称：课程综合实践Ⅰ。

英文名称：Integrate Practice for Courses Ⅰ。

学分：3.0。

周学时：周教学课时 3.0；周实验学时 0.0。

面向对象：低年级本科生。

预修课程要求：完成本专业第一年的必修课程。

6.2.1　课程介绍

1. 中文简介

课程综合实践Ⅰ分别针对计算机硬件基础、计算机系统设计和计算机程序设计等方向开设相应的综合实践课程，通过综合实践使学生对相应方向的概貌和理论的应用有初步了解和感性认识，为进一步学习相关方向课程的理论和方法打下基础。

2. 英文简介

Comprehensive Practice Ⅰ establishes practicing courses in the directions of Computer Hardware,Computer System Design, and Programming Design, respectively. It aims to help the students obtain perceptual knowledge about the overview of the directions and applications of the theories, and build a foundation for further studies in these directions.

6.2.2　教学目标

1. 课程定位及学习目标

本课程是计算机专业的必修课,是在学习了程序设计基础、初步接触和了解了本专业后进行的一门综合实践课程。本课程的目标是通过学习提高在具体环境下的编程能力；初步了解计算机硬件和系统的基础知识,通过实践对计算机硬件和系统的构成及基本功能有直观的认识。

本课程在暑期进行,同一课号下开设不同主题。内容并不固定,根据每年的师资情况由学院统一安排。学生可根据自己的爱好选择进入某一主题班级学习。一般按每日 8 学时计,2 周完成。

2. 可测量结果

(1) 具有在某一具体环境下熟练编程的能力。

(2) 对计算机硬件和系统的构成及基本功能有直观的认识。

注:测量方法由各个主题班级的教师决定,一般以提交的综合课程设计报告或作品来衡量学生的掌握情况。

6.2.3　课程要求

具体的授课方式和评分方法由各个主题班级的教师确定。

6.2.4　教学安排

由各个主题班级的教师确定。

6.2.5　参考教材及相关资料

无。

6.3　课程综合实践 II

课程名称:课程综合实践 II。

英文名称: Integrate Practice for Courses II。

学分:3.0。

周学时:周教学课时 3.0;周实验学时 0.0。

面向对象:低年级本科生。

预修课程要求:完成本专业第一、二年的必修课程。

6.3.1　课程介绍

1. 中文简介

课程综合实践 II 分别针对数据结构基础、计算机组成、数据库系统、面向对象程序设计等课程开设相应的综合实践课程,作为对上述课程实践教学的加强。通过综合实践使学生进一步掌握对相关理论知识的运用。

2. 英文简介

Comprehensive Practice II establishes practicing courses as complement and enhancement for the courses such as Fundamentals of Data Structures, Computer Organization, Database System, and Object-Oriented Programming. It aims to help the students better master how to apply the knowledge to solve real problems.

6.3.2　教学目标

1. 课程定位及学习目标

本课程是计算机专业的必修课,是在完成了重要的专业基础课程学习后进行的一门综合实践课程。本课程的目标是通过综合实践使学生进一步强化掌握对相关理论知识的运用。

本课程在暑期进行,同一课号下开设不同主题。内容并不固定,根据每年的师资情况由学院统一安排。学生可根据自己的爱好选择进入某一主题班级学习。一般按每日 8 学时计,2 周完成。

2. 可测量结果

要求学生具有熟练运用某方向的基础理论解决具体问题的能力。

注:测量方法由各个主题班级的教师决定,一般以提交的综合课程设计报告或作品来衡量学生的掌握情况。

6.3.3　课程要求

具体的授课方式和评分方法由各个主题班级的教师确定。

6.3.4　教学安排

由各个主题班级的教师确定,具体见学院的网站。

6.3.5　参考教材及相关资料

无。

6.4　工程实践

课程名称:工程实践。
英文名称:Engineering Practice。
学分:2.0。
周学时:周教学课时 2.0;周实验学时 0.0。
面向对象:高年级本科生。
预修课程要求:完成本专业前 3 年的必修课程。

6.4.1　课程介绍

1. 中文简介

工程实践以实际问题为引导,通过将实际问题分解转化为所学过的技术问题加以解决的过程实践,培养大学生分析、分解和转化问题的能力,以及综合运用所学知识解决实际问题的能力。同时在工程实践过程中提高同学们沟通、交流及团队协作的能力。

2. 英文简介

Engineering Practice cultivates the ability of analyzing and disassembling problems, and the ability of solving the practical issues through the comprehensive knowledge learned, by practicing the procedure of decomposing and converting a practical problem into several technical problems to solve. Meanwhile Engineering Practice improves the students' ability of communication and cooperation.

6.4.2 教学目标

1. 课程定位及学习目标

本课程是计算机专业的必修课,是在专业基础及模块课程完成后进行的一门综合利用所学知识解决实际问题的实践课程。本课程的目标是通过课程的实践,使学生了解实际问题与所学知识在形式上的差别,学习如何分析、分解复杂问题并使之与自身已掌握的知识相关联,用所学知识解决实际问题。

本课程在暑期进行,学生全日制进入导师所在课题组学习,按每日 6 学时计,3 周完成。本课程并非让学生经历一个完整的系统开发的全过程,而是针对实际问题,给出核心问题的解决方案并加以实现。

2. 可测量结果

(1) 具有针对某一问题查阅相关资料的能力。

(2) 具有初步的分析、分解问题的能力。

(3) 能根据工作任务的要求,制订工作计划,有序地开展工作。

(4) 具有针对某一问题分析和总结已有方法的优缺点,从而选择可行方案的能力。

(5) 具有初步的将各子问题的解决方案集成以实现总目标的能力。

(6) 具有清晰地介绍问题及解决方案的表达能力。

(7) 具有初步的实现方案的实际动手能力。

注:以上结果可以通过日工作报告、方案论证会以及最终的实现结果测量。

6.4.3 课程要求

1. 授课方式与课程要求

授课方式:①教师讲授(讲授核心内容、总结、按顺序提示今后内容、答疑等);②课后阅读(按照课程内容顺序阅读课堂推荐书目及参考文献);③课程实验。

课程要求:熟悉基本知识,提高中外文计算机科学文献的阅读能力,培养分析分解问题的能力、表达能力及合作精神,培养实际动手能力。

2. 考试评分与建议

本课程的实践课题可分为两类。

A 类：课题相对简单，绝大多数学生能够在短学期内给出方案并加以实现。

B 类：课题比较复杂，需要半年至一年的时间才能完成。对这类课题，本课程要求学生给出详细设计方案。

1）A 类课题评分

（1）日工作报告占 30％。

（2）方案论证占 30％。

（3）实现结果占 40％。

2）B 类课题评分

（1）日工作报告占 30％。

（2）总体方案占 30％。

（3）详细方案占 40％。

6.4.4　教学安排

由具体指导教师确定。

6.4.5　参考教材及相关资料

根据具体项目，由指导教师确定。

个性修读课程

7.1　服务科学导论

课程名称：服务科学导论。

英文名称：Introduction to Service Computing。

学分：4.0。

周学时：周教学课时 3.0；周实验学时 2.0。

面向对象：高年级本科生。

预修课程要求：无。

7.1.1　课程介绍

1. 中文简介

本课程从服务设计过程的视点出发，从 3 个不同方面讲解与讨论服务设计。

（1）用户观察和情景记录。

（2）概念放大与定位方法：一种方法用于将子服务设计的演进过程放大；另一种方法是考虑根据各项子服务设计相似性的进行定位分析。

（3）服务设计结构可视化：在实现服务设计过程中需要将概念模块化。鉴于整体服务设计是由模块化的子服务设计构成，因此服务设计结构可通过将子服务结构视觉化来得以实现。

2. 英文简介

The aim of this course is to explain and discuss about Service Design from the viewpoint of Service Design Process. In this course we discuss Service Design Process from three different points.

（1）User Observation and Scenario Writing. Students learn the process of creating the services from user ordinary/daily behavior to understand observation, suggestions, solutions, processes and scenario.

（2）Idea Scaling and Mapping. One is method for scaling the evolution of sub-services. The other one is a method of mapping by the similarity of sub-services. By the two methods, it is clarified the relationship of the sub-services in service.

(3) Service Structure Visualization. Modeling of ideas is always required in the process of realizing the services. The whole service is composed by combination of sub-services, which is the process of modeling the service. For this modeling, the structure of the service is visualized by using of the visualization of the structure of sub-services.

7.1.2　教学目标

1. 课程定位及学习目标

(1) 明确服务设计的定义。
(2) 明确当前服务设计过程的各项阶段设计环节。
(3) 掌握如何通过用户观察和情景记录进行创新服务设计。
(4) 掌握服务设计结构可视化方法。

2. 可测量结果

本课程教学目的是通过用户观察方法讲解与讨论服务设计。在现实生活中用户可能并不需要新的服务而是抱怨现有服务。设计师需要用一种用户可以理解的新的服务设计方法来发现用户的不满或问题所在。服务设计结构可视化在服务设计中起到非同小可的作用。

7.1.3　课程要求

1. 授课方式与课程要求

授课方式：①教师讲授(讲授核心内容、总结、按顺序提示今后内容、答疑等)；②课后阅读(按照课程内容顺序阅读课堂推荐书目及参考文献)；③期末考试。

课程要求：学生掌握服务设计的知识和技能,通过本次授课学生获得新的见解。

2. 考试评分与建议

课程作业占 20%,期末考试占 40%,课程实验占 40%。

7.1.4　教学安排

第 1 次：服务创新设计综述。
教学内容：
- 服务设计的概念。
- 服务设计的目的。
- 理解服务设计与产品设计之间的差异。

第 2 次：服务设计过程的构建方法。
教学内容：

- 关于企业内部设计部门的服务设计过程的案例学习。
- 理解企业内部设计部门服务设计过程的多样性。

第 3 次：展示与评价新构建的服务设计过程。

教学内容：

- 服务设计构建方法应用。
- 服务设计过程综合评价。

第 4 次：服务创新设计的用户观察分析。

教学内容：

- 介绍用户观察分析方法。
- 比较各种用户观察分析方法的差异。

第 5 次：用户观察法的案例实践。

教学内容：

- 利用用户观察法的设计概念生成。
- 设计概念展示与综合评价。

第 6 次：服务创新设计的概念放大与定位方法。

教学内容：

- 概念放大方法。
- 定位方法。

第 7 次：利用概念放大与定位方法的案例实践。

教学内容：

- 设计概念生成。
- 设计概念展示与综合评价。

第 8 次：服务设计原型法。

教学内容：

- 原型法定义。
- 理解原型法在服务设计评价中的作用。

第 9 次：利用服务设计原型法的案例实践。

教学内容：

- 设计概念生成。
- 基于原型法的设计概念展示与综合评价。

第 10 次：服务设计的结构可视化方法。

教学内容：

- 服务设计概念模块化。
- 服务设计的子服务设计。
- 子服务设计可视化。

第 11 次：服务设计结构可视化的案例实践。

教学内容：

- 设计概念生成。

- 设计概念展示与综合评价。

第 12 次：课程总结与发表。

教学内容：

- 掌握服务创新设计一般方法及流程。
- 针对某一案例撰写分析报告。

7.1.5　参考教材及相关资料

[1]　Stickdorn M,Schneider J,Andrews K,et al. This is Service Design Thinking：Basics,Tools,Cases[M]. Hoboken：Wiley,2011.

[2]　Miettinen S. Designing Services with Innovative Methods [M]. Helsinki：University of Art and Design,2009.

7.2　数字视音频处理

课程名称：数字视音频处理。

英文名称：Digital Audio and Video Processing。

学分：2.5。

周学时：周教学课时 2.0；周实验学时 1.0。

面向对象：高年级本科生。

预修课程要求：信号与系统或数字信号处理。

7.2.1　课程介绍

1. 中文简介

本课程介绍以视频、语音以及音乐为代表的数字视音频信号的分析与处理技术,涉及 3 方面内容。

(1) 视频处理：视频处理、分析与理解技术的内容及应用综述,视频压缩与编解码技术,以及视频结构化与非线性编辑等方面的技术原理与应用。

(2) 语音处理：语音产生原理与模型,语音的时域、频域、倒谱域信号分析与表示的基础概念与方法,在语音识别与合成等方面的技术应用。

(3) 音乐处理：要求学生了解音乐处理的基本概念、热点研究方向与行业趋势,同时针对音乐制作、音乐分析和音乐检索等前沿应用技术方向选取课题进行动手实践。

2. 英文简介

The course is intended to introduce the analysis and processing techniques of digital audio and video, consisting of digital audio and video compression, music synthesis, speech recognition and synthesis, structural analysis and nonlinear editing of digital video. Through the course study, our students would first grasp digital media signal characteristics and corresponding processing methods, then know the developing technology in the related fields.

7.2.2 教学目标

1. 课程定位及学习目标

数字视音频处理是数字媒体技术专业主干课程之一,通过介绍数字视音频信号的分析与处理技术,使学生了解以视频、语音以及音乐所代表的数字媒体信号的特性和分析处理方法,并了解相关领域技术的最新发展现状。通过实验环节使学生经历选择研究课题、文献调研、选择实施方案与算法设计、具体编码实现和项目成果展示的完整科研流程,培养学生的动手能力及创新精神。

2. 可测量结果

(1)视频。掌握视频压缩与编解码、视频结构化与非线性编辑的基本概念与技术原理,了解视频处理、分析与理解技术的内容及应用,能实现视频结构化与非线性编辑中任意一个应用。

(2)语音。掌握语音信号分析与处理、语音识别与合成的基础概念与关键技术,能够利用相关软件就语音识别与合成领域的特定专题进行初步研究或系统开发。

(3)音乐。掌握音乐处理的基本概念、热点研究方向与行业趋势,同时在音乐制作、音乐分析和音乐检索等前沿应用技术方向选取课题进行初步研究或系统开发。

(4)具备初步的科研素质。能围绕特定问题进行文献调研、选择实施方案与算法设计、具体编码实现和项目成果展示。

注:以上结果可以通过课程作业、课程设计以及笔试等环节测量。

7.2.3 课程要求

1. 授课方式与课程要求

授课方式:①教师讲授(讲授核心内容、总结、按顺序提示今后内容、答疑等);②课后阅读(按照课程内容顺序阅读课堂推荐书目及参考文献);③期末考试;④课程实验。

课程要求:掌握基础知识、技术框架与核心算法,培养科研兴趣与动手能力。

2. 考试评分与建议

课程作业占 30%,期末考试占 40%,课程实验占 30%。

7.2.4 教学安排

第1次:数字语音处理基础。
教学内容:
- 语音处理的基础概念。
- 语音产生的数字模型。

- 数字语音信号处理技术。

课程设计任务：每周录制朗诵语音两遍，分析语音的变化，并进行说话人识别实验，分析其性能变化并设计对得分偏低语音的检测算法。需要使用 PRAAT 和 VOICEBOX 开源软件。

实验 1：使用 PRAAT 进行语音分析。

第 2 次：数字语音信号处理基本方法(1)。

教学内容：

- 语音信号的时域分析和频域分析方法。
- 相关语音特征提取。
- 语端点检测算法。

实验 2：使用 PRAAT 进行语音分析。

第 3 次：数字语音信号处理基本方法(2)。

教学内容：

- 语音信号的倒谱域分析方法。
- MFCC 特征提取算法。

第 4 次：说话人识别。

教学内容：

- 说话人识别技术框架。
- 核心模块及算法，包括预处理和特征提取。
- 识别模型(VQ 向量量化和 GMM 高斯混合模型)。

实验 3：使用 Voice Box 进行说话人识别。

第 5 次：语音合成。

教学内容：

- 语音合成技术的发展历史。
- 语音合成的技术(共振峰合成、线性预测合成、PSOLA 合成算法和文语转换系统)。

实验 4：使用 PRAAT 进行语音转换。

第 6 次：数字音乐处理技术综述。

教学内容：

- 数字音乐处理的基本概念。
- 数字音乐产业链与发展趋势。
- 数字音乐的研究热点，包括音乐合成、音乐分析和音乐检索。

综合课程设计 1：对学生进行分组选题。先介绍音乐合成、音乐分析和音乐检索 3 个方向共计 6 个探索性题目；再将学生分为 6 组，每组自主选择一个研究题目作为综合课程设计。

第 7 次：音乐合成。

教学内容：

- 音乐声学。

- 音乐感知。
- 音乐合成等技术原理与方法。

结合课程设计 2：由音乐合成的两个小组汇报开题报告与研究进展，并一起探讨基于软件编辑的音乐制作技术与基于编程语言的音乐合成技术。

第 8 次：音乐分析。

教学内容：

- 基音提取。
- 节奏识别等技术原理与方法。

结合课程设计 3：由音乐分析的两个小组汇报开题报告与研究进展，并一起探讨节奏识别与音准评分的算法设计与系统实现。

第 9 次：音乐检索。

教学内容：

- 乐纹检索的技术原理与方法。
- 哼唱检索的技术原理与方法。

结合课程设计 4：由音乐检索的两个小组汇报开题报告与研究进展，并一起探讨基于乐纹的音乐检索与基于旋律的哼唱检索的算法设计与系统实现。

第 10 次：数字音乐处理技术总结。

教学内容：各项目组汇报并展示最终研究成果，老师点评与总结。

第 11 次：视频压缩技术基础。

教学内容：

- 视频压缩相关的技术基础。
- 时序视频数据可压缩的理论依据。
- 色彩下采样技术。
- 空间数据压缩及时序数据压缩原理。

综合课程设计 5：选择实现视频镜头边缘检测算法或者视频镜头关键帧提取算法，要求用 MATLAB、C 和 C++ 实现均可，提供详细的实验结果及报告。

第 12 次：视频压缩。

教学内容：

- 时序视频数据压缩的流程，运动补偿算法的核心思想、原理及详细工作流程。
- 运动向量搜索算法，H.261 和 MPEG-1、2 等典型视频数据压缩标准框架。

第 13 次：视频结构化分析(1)。

教学内容：

- 视频结构化分析的基本概念及基础方法，镜头边缘检测原理及具体算法。
- 镜头关键帧提取原理及具体算法。

第 14 次：视频结构化分析(2)。

教学内容：

- 视频结构化生成基本框架算法。
- 视频时序结构图构造算法。

第 15 次：视频部分复习及综合课程设计报告展示。

教学内容：全面复习视频部分学习内容，学生汇报视频综合课程设计成果。

第 16 次：语音综合课程设计报告及总复习。

教学内容：

- 学生分组汇报语音综合课程设计成果，老师点评。
- 语音课程内容总复习。

7.2.5　参考教材及相关资料

[1]　Lawrence R. Fundamentals of Speech Recognition[M]. New Delki：Pearson Education India，2008.

[2]　Quatieri T F. Discrete-time Speech Signal Processing：Principles and Practice [M]. New Delki：Pearson Education India，2006.

[3]　吴朝晖，杨莹春. 说话人识别模型与方法[M]. 北京：清华大学出版社，2006.

[4]　吕士楠、初敏、许洁，等. 汉语语音合成——原理和技术[M]. 北京：科学出版社，2012.

[5]　Bovik A C. Handbook of Image and Video Processing[M]. Salt Lake：Academic Press，2010.

[6]　Tekalp A M. Digital Video Processing[M]. Upper Saddle River：Prentice Hall PTR，1995.

[7]　庄越挺，潘云鹤，吴飞. 网上多媒体信息分析与检索[M]. 北京：清华大学出版社，2002.

[8]　Music Signal Processing[EB/OL].[2016-01-19]. http://www.ee.columbia.edu/～dpwe/e4896.

[9]　Roads C，Strawn J. The Computer Music Tutorial[M]. Cambridge：MIT Press，1996.

7.3　计算机游戏程序设计

课程名称：计算机游戏程序设计。

英文名称：Computer Game Programming。

学分：2.5。

周学时：周教学课时 2.0；周实验学时 1.0。

面向对象：高年级本科生。

预修课程要求：面向对象程序设计。

7.3.1　课程介绍

1. 中文简介

本课程是一门综合性程序设计技能发展类课程，课程内容主要是让学生了解电子游戏的发展历史与文化,掌握游戏开发的软件工程原理与游戏中的图形学、人工智能、人机交互、网络等基本知识点和技术,并通过基于项目的学习方式,让学生具备游戏开发的基本技能。

2. 英文简介

Computer game industry has grown extremely quickly over past decades. This course will cover basic concepts and techniques as well as late-breaking work and advances for developing computer games. More specific, various aspects of game programming including computer graphics, 3D animation, interactive techniques, audio programming, network, artificial intelligence and software engineering will be introduced. Additionally, guest lecturers will be invited to lead discussions on state-of-the-art techniques in the industry.

7.3.2 教学目标

1. 课程定位及学习目标

让学生掌握和了解游戏中的图形学、人工智能、人机交互和网络等相关知识点,并注重实践技能的综合训练,倡导"基于项目的学习",既有游戏关键技术片段练习的小型mini-project,也有相对完整的游戏项目开发,培养学生在游戏开发团队中的工作技巧与沟通协调能力。

2. 可测量结果

(1) 了解游戏发展的历史,掌握游戏发展的几个重要阶段。

(2) 了解游戏的不同类型及类型间的区别。

(3) 初步掌握游戏设计的基本要素与流程。

(4) 初步掌握 2D 游戏开发的基本技巧。

(5) 了解 3D 游戏开发所需的知识与技术,初步掌握 3D 游戏开发的基本技巧。

(6) 初步掌握利用游戏引擎开发游戏的能力。

(7) 具有在团队协作开发游戏的能力。

注: 以上结果可以通过课堂讨论、课程作业以及课程大作业等环节测量。

7.3.3 课程要求

1. 授课方式与课程要求

授课方式: ①教师讲授(讲授核心内容、总结、按顺序提示今后内容、答疑、公布讨论主题等); ②课后阅读(按照课程内容顺序阅读课堂推荐书目及参考文献); ③课程实验; ④期末报告。

课程要求: 熟悉基本知识,培养编程能力及合作精神,培养游戏编程开发的能力,并形成对游戏程序开发的兴趣。

2. 考试评分与建议

课程作业占 40％,期末报告占 60％。

7.3.4 教学安排

第 1 次:游戏开发简介。

教学内容:课程的概况和游戏产业的现状。

课后练习 1:玩一款游戏,并分析其成功和不足之处。

第 2 次:游戏历史与游戏类型。

教学内容:介绍游戏历史与不同游戏的类型。

课后练习 2:将常玩的游戏进行分类。

第 3 次:游戏设计。

教学内容:介绍游戏设计的基本概念与流程。

课后练习 3:开始设计本课程需完成的游戏。

第 4 次:二维游戏程序设计。

教学内容:二维游戏开发的基本知识、游戏中的常见图像操作和精灵动画技术等。

课后练习 4:图像的简单操作和精灵动画实现。

第 5 次:3D 中的数学。

教学内容:三维图形的平移、缩放和投影变换。

课后练习 5:向量和矩阵的乘法。

第 6 次:三维建模与场景管理。

教学内容:常见游戏场景的几何表达和建模方法介绍,以及场景管理技术。

课后练习 6:熟悉几种几何表达和建模方法。

第 7 次:三维图形绘制流水线。

教学内容:基于 OpenGL,介绍绘制流水线及其进展。

课后练习 7:利用 OpenGL 实现简单的三维物体绘制。

第 8 次:游戏引擎简介。

教学内容:介绍现有游戏引擎的基本使用方法。

课后练习 8:熟悉介绍的游戏引擎的使用。

第 9 次:游戏中的光照技术。

教学内容:介绍游戏引擎中的光照计算及其最新进展。

课后练习 9:利用游戏引擎实现简单的光照绘制。

第 10 次:游戏中的动画技术。

教学内容:游戏中的常见动画方法介绍和编程实现。

课后练习 10:在游戏引擎中实现骨骼动画。

第 11 次:游戏中的交互技术。

教学内容:游戏中的常见交互手段、用户界面设计以及 Gameplay 等。

课后练习 11:在游戏引擎中接入超过 3 种交互方式。

第 12 次：游戏中的人工智能。

教学内容：游戏的常用 AI 算法介绍。

课后练习 12：在游戏引擎中实现几种简单的人工智能方法。

第 13 次：游戏中的音频技术。

教学内容：常见音频文件的播放和基本编辑合成方法。

课后练习 13：在游戏引擎中实现声音的播放。

第 14 次：游戏中的测试技术。

教学内容：游戏中常见的测试方法介绍。

课后练习 14：给开发的游戏设定测试计划。

第 15 次：邀请报告。

教学内容：邀请工业界人士做技术报告。

课后练习 15：讨论报告中的技术。

第 16 次：期末演示。

教学内容：各小组分别陈述小组任务和游戏开发完成情况。

课后练习 16：提交开发的游戏。

7.3.5　参考教材及相关资料

在每个学期的第 1 次上课时，列出详细的参考书目。

7.4　计算机动画

课程名称：计算机动画。

英文名称：Computer Animation。

学分：2.5。

周学时：周教学课时 2.0；周实验学时 1.0。

面向对象：高年级本科生。

预修课程要求：计算机图形学基础知识。

7.4.1　课程介绍

1. 中文简介

本课程主要介绍计算机动画的基本概念、基本原理和关键知识。主要内容包括：动画的定义、传统动画制作过程、传统动画中的常用表现技巧、二维动画变形技术、动画常用动作建模与 3D 变形技术、真实感光照模型与纹理绘制、粒子系统、风格化绘制与动画、动画素材提取与重用。

2. 英文简介

This course covers the fundamental concepts, principles and key knowledge for computer animation. The main contents include: definition of animation, procedure of making traditional animation, principles of traditional animation, morphing techniques for 2D animation, modeling of common actions for animation, morphing techniques for 3D animation, realistic lighting and rendering, particle system, stylized rendering and animation, detection and re-use of animation clips.

7.4.2　教学目标

1. 课程定位及学习目标

本课程是数字媒体技术专业的主要专业课程,本课程属于综合交叉学科,涉及计算机科学、传统动画艺术、数学、物理学、图形学和图像处理等相关学科的知识。其中,图形学的几何变换、曲线曲面、纹理映射、光照模型和虚拟摄像机等内容是本课程的重要基础。此外,图像处理中的图像表示、颜色空间、边缘提取和区域分割等也是基于图像的动画技术基础。

本课程通过对算机动画的基本原理和算法的介绍,使学生对计算机动画的基本概念与核心技术有一个整体的理解,为今后进一步的研究或开发打下基础。

2. 可测量结果

通过对本课程的学习,使学生掌握计算机动画的基本原理和方法,包括 2D/3D 动画变形技术,真实感动画光照与绘制,风格化动画绘制,动画素材提取与重用。要求每位同学能独立完成课程练习,并在课程结束时能结合所学变形技术生成动画中间画面以及一些特效,完成从动画素材输入、动画生成到动画输出的完整流程。

注:以上结果可以通过课程设计作业等环节测量。

7.4.3　课程要求

1. 授课方式与课程要求

授课方式:①教师讲授(讲授核心内容、答疑、公布讨论主题等);②课后阅读(按照课程内容顺序阅读课堂推荐书目及参考文献);③课程实验。

课程要求:熟悉动画基本知识、基本原理和动画编程,提高动画文献的阅读能力,形成对计算机动画的兴趣。由于课程的性质,授课教师将特别注重授课内容的计算机编程实现。

2. 考试评分与建议

课程作业占 40%,期末考试占 30%,期末报告占 30%。

7.4.4　教学安排

第 1 次:传统动画与二维变形技术。

教学内容:

- 动画的定义。
- 动画的分类。
- 二维变形技术。
- 基于形状的变形技术。
- 基于骨架的变形技术。
- 二维变形技术评价准则。

第 2 次：传统动画表现技巧。

教学内容：

- 压扁与伸长。
- 运动时间分配。
- 预备动作。
- 展现。
- 动作惯性与交叠动作。
- 慢进和慢出。
- 弧形运动。
- 夸张。
- 动物世界。
- 自然物体。
- 旋转物体。
- 震动物体。
- 频闪效应。
- 速度线。

第 3 次：传统动画特效表现。

教学内容：

- 火焰。
- 烟雾。
- 流水。
- 溅水。
- 喷水。
- 纹波。
- 雨。
- 雪。
- 风。
- 爆炸。
- 撞击。

第 4 次：动画常用动作建模与 3D 变形技术。

教学内容：

- 走步模型。

- 跑步模型。
- 骨架动态提取系统。
- 更换皮肤。
- 转头模型。
- 转头模型应用实例。
- 自由变形方法 FFD。
- 基于四元数的变形技术。
- 实例演示。

第 5 次：真实感光照模型与纹理绘制。

教学内容：

- 简单的局部光照模型。
- Lambert 漫反射模型。
- 镜面反射模型。
- 简单透明模型。
- 整体光照模型。
- 纹理。
- Catmull 分割算法。
- 过程纹理。
- 三维噪声函数。
- 粒子系统。
- 实例演示。

第 6 次：风格化绘制。

教学内容：

- 3D 钢笔画(Pen and Ink)效果。
- 3D 铅笔画效果。
- 3D 油画效果。
- 3D 漫画效果。
- 视频处理印象派效果。
- 视频多层变化画笔。
- 笔刷模型。

第 7 次：风格化动画。

教学内容：

- 卡通特效。
- 3D 水墨动画。
- 3D 剪纸动画。

第 8 次：动画视频处理。

教学内容：

- 动画风格转换。

- 基于视频提取动画台本要素。
- 动画素材提取。
- 动画素材检索与重用。

7.4.5 参考教材及相关资料

[1] 于金辉,李一兵.计算机动画原理与制作技术[M].北京:清华大学出版社,1995.

[2] 鲍虎军,金小刚,彭群生.计算机动画的算法基础[M].杭州:浙江大学出版社,2000.

7.5 虚拟现实与数字娱乐

课程名称：虚拟现实与数字娱乐。
英文名称：Virtual Reality and Digital Entertainment。
学分：2.0。
周学时：周教学课时 2.0;周实验学时 0.0。
面向对象：高年级本科生。
预修课程要求：C/C++ 程序设计基础、数据结构基础、计算机图形学。

7.5.1 课程介绍

1. 中文简介

本课程主要介绍虚拟现实的基本概念及其系统组成、相关的软件技术及虚拟现实的应用,并介绍了当前数字娱乐的现状、发展和一些关键技术。内容包括:虚拟现实的定义、特性和组成;虚拟世界的创建和管理;虚拟现实中的视觉计算;虚拟现实中的交互技术;虚拟现实中的力觉、触觉计算;虚拟现实中的声觉计算;增强现实;分布式虚拟现实;虚拟现实应用;与虚拟现实相关的数字娱乐技术。

2. 英文简介

The course presents the fundamental concepts and key technologies of virtual reality (VR), together with the typical VR system configuration and some important applications. Moreover, the cutting-edge digital entertainment technologies are introduced. The course covers the following subjects, such as the definition and traits of VR, the technologies about virtual world modeling and management, the computer vision technologies that are imperative to VR, human-computer interaction, haptics computation in virtual environment, acoustics computation, augmented reality, distributed virtual reality, VR applications, and the relevant digital entertainment techniques.

7.5.2 教学目标

1. 课程定位及学习目标

虚拟现实是一个发展中的高科技技术,在系统仿真、科学探索、工程设计、教育科普、展览娱乐等多方面都有广泛的应用和发展前景;而数字娱乐技术则正在走入千家万户。开设本课程,可以使学生对虚拟现实和数字娱乐的系统及算法有一个全面理解,有利于学生以后从事虚拟现实与数字娱乐相关的研究和开发工作。

2. 可测量结果

(1) 理解虚拟现实技术的概念、特性和系统组成。

(2) 理解输入输出设备的原理。

(3) 理解虚拟现实中涉及的主要的软件算法,包括场景建模,图形绘制算法,碰撞检测和力觉、触觉计算,人机交互。

(4) 初步具备运用虚拟现实技术来设计相关应用。

注:以上结果可以通过课堂讨论、课程作业以及笔试等环节测量。

7.5.3 课程要求

1. 授课方式与课程要求

授课方式:①教师讲授(讲授核心内容、总结、按顺序提示今后内容、答疑等);②课后阅读(按照课程内容顺序阅读课堂推荐书目及参考文献);③期末考试;④课程实验。

课程要求:定期布置书面作业和小组项目,培养和考查学生综合动手能力,使学生对虚拟现实和数字娱乐的系统及算法有一个全面理解。

2. 考试评分与建议

课程作业占 65%,期末考试占 35%。

7.5.4 教学安排

第 1 次:虚拟现实简介。

教学内容:虚拟现实的定义、组成、特性、技术难点、现状和 Demo。

第 2 次:虚拟现实中的多通道输入与输出接口。

教学内容:

- 输入——跟踪器、传感器、数字手套、运动捕捉、基于视频的输入、三维鼠标和三维扫描仪等。
- 输出——视觉设备、声觉、触觉设备。

第 3 次:虚拟现实中的视觉计算(1)。

教学内容:

- 基本图形学知识回顾。如矩阵变换、几何造型、消隐、光照和纹理映射。

- 虚拟现实中的立体显示软硬件技术。立体眼镜、头盔、CAVE、球幕和其他高科技三维显示设备。

作业 1：OpenGL 下的单个物体立体显示。

第 4 次：虚拟环境建模。

教学内容：

- 几何建模——基于几何、基于图像和过程式建模。
- 行为建模——简介和 Demo。
- 物理建模——简介和 Demo。

第 5 次：虚拟现实中的视觉计算(2)。

教学内容：

- 高级图形学知识回顾。
- 大场景的组织管理及实时绘制技术、科学计算可视化技术。

作业 2：较大地形的飞行实时立体显示。

第 6 次：虚拟现实中的交互技术。

教学内容：

- 身体跟踪、手势、三维菜单和抓取等。
- 虚拟现实中的声觉计算。
- 真实感声觉计算原理。
- 实用声觉计算开发。

第 7 次：虚拟现实中的触觉、力觉计算。

教学内容：

- 实时碰撞检测技术。
- 触觉、力觉计算。

第 8 次：习题课。

教学内容：大组作业布置及方案论证，要有动态场景部分和三维交互技术，并要求涉及分布式、实时碰撞检测技术之一，学生自己设计或教师提供题目。

第 9 次：虚拟现实开发工具介绍。

教学内容：虚拟现实开发工具的软件框架：创作、发布和体验。

第 10 次：虚拟现实开发环境介绍。

教学内容：

- X3D 标准。
- Vega、Multigen 和 Virtools 等。

第 11 次：分布式虚拟现实技术及协同计算。

教学内容：

- 分布式虚拟现实系统。
- PCCAVE。
- 大屏幕投影技术。
- 分布协同技术。

第 12 次：增强现实系统。

教学内容：

- 系统组成。
- 关键技术。

第 13 次：数字娱乐讲座。

教学内容：

- 综述——虚拟现实在数字娱乐中的应用。
- 体育中的虚拟现实技术。
- 影视制作中的虚拟现实技术。
- 移动平台上的游戏开发。
- 互动娱乐展示。

第 14 次：习题课。

教学内容：大组作业结果汇报。

第 15、16 次：虚拟现实应用及课程总结。

教学内容：

- 军事应用、虚拟手术和虚拟制造等。
- 数字博物馆的解决方案。
- 空间信息处理领域中的应用。

7.5.5　参考教材及相关资料

［1］　Burdea G C，Coiffet P.虚拟现实技术［M］.魏迎梅，栾悉道，译.北京：电子工业出版社，2005.

［2］　Sherman W R，Craig A B.虚拟现实系统：接口、应用与设计［M］.魏迎梅，杨冰，译.北京：电子工业出版社，2004.

［3］　石教英.虚拟现实基础及实用算法［M］.北京：科学出版社，2002.

［4］　胡小强.虚拟现实技术与应用［M］.北京：高级教育出版社，2004.